ICH WÜNSCHE DIR EINEN ORT

Ich wünsche dir
einen Ort,
an dem du
dich wohlfühlst;

eine Heimat,
ein Zuhause,
das dir Ruhe
und Schutz bietet;

eine vertraute Umgebung,
in der du
ohne Rollen und Masken
du selbst sein kannst.

Ich wünsche dir,
dass dieser Ort
ein Raum der Freiheit ist,
des Wachstums und der Entfaltung.

Und ich wünsche dir,
dass da Menschen sind,
die dich lieben
und dir Halt geben,

die nicht fragen,
was du leistest oder hast,
sondern einfach froh sind,
dass du da bist!

Arndt H. Menze

Inhalt

Nina Held • Gaby Fischer-Düvel

Das Freispielbuch

Bildungsanregende Impulse für die Freispielzeit

Ökotopia Verlag, Aachen

Impressum

Autorinnen Nina Held, Gaby Fischer-Düvel
Lektorin Hilde Adam
Fotos Nina Held u. a.
Covergestaltung PERCEPTO mediengestaltung
Layout & Satz designmeetsmotion.com, Tina Meffert
Druck Drukarnia Dimograf Sp. z o.o., Polen

MIX
Papier aus verantwortungsvollen Quellen
FSC® C018236

ISBN 978-3-86702-407-5

Bleiben Sie in Kontakt
www.oekotopia-verlag.de

Vorwort

Den hohen Stellenwert der Bildungszeit für die Kinder im Vorschulalter möchten wir mit diesem Buch in den Mittelpunkt unserer Anregungen für die pädagogische Arbeit stellen.

Gerade Laien unterschätzen die pädagogische Dimension des **„freien Spiels“** . Dies zeigt sich u.a. in landläufigen Äußerungen wie: *„Die spielen ja nur!!!“*

Intention dieses Buches soll die Relevanz des kindlichen Spiels in Verbindung mit der Haltung der pädagogischen Fachkräfte sein. Wir wollen das freie Spiel in seiner Bedeutsamkeit als zentrale, **freibestimmte Bildungszeit** für das Kind erfahrbar werden lassen, womit wir uns im ersten Teil fachtheoretisch auseinandersetzen.

Diese Überlegungen bilden im zweiten Teil die Basis für die praktische Umsetzung und sollen grundlegende Anstöße geben, wie sich die Bildungszeit mit den Kindern gestalten lässt, aber auch, wie diese kindorientiert genutzt werden kann.

Wir möchten Sie, unsere LeserInnen, neugierig machen und motivieren mit alltäglichen Gegenständen und Materialien, Kinder dabei zu unterstützen, die Welt zu „begreifen“.

Dazu braucht es keine teuren Spielmaterialien, sondern vielmehr das pädagogische Wissen und die Bereitschaft der Erwachsenen, alltägliche Dinge und Situationen mit den Augen der Kinder zu sehen und sich einzufühlen. Dies ist eine wichtige Voraussetzung für die Begleitung von Kindern im pädagogischen Alltag.

Wir wollen kein Rezeptbuch anbieten. Die praktischen Anregungen sind nicht zur Durchführung eines geplanten, durchorganisierten und angeleiteten Freispiels gedacht, sondern als achtsam begleitende und unterstützende Anregungen für die Kinder.

In beobachteten Spielsituationen sollen Sie Interessen und Themen der Kinder erkennen und diese mit erzieherischer Sensibilität aufgreifen. Dieses wird immer unser Ausgangspunkt in der Arbeit mit Kindern im Kita-Alltag sein.

Wir wünschen uns BegleiterInnen für die Kinder, die in erzieherischer Zurückhaltung erkennen, was diese in bestimmten Situationen an individueller Unterstützung für ihre Entwicklung benötigen. Dem Prinzip von Maria Montessori folgend: „Hilf mir, es selbst zu tun!“

Wichtig und entscheidend ist für uns immer das Leitbild: Das Kind steht mit seinen Bedürfnissen immer im Mittelpunkt des pädagogischen Handelns!

In diesem Sinne möchten wir unsere Leserinnen und Leser motivieren, so neugierig wie Kinder zu sein, gemeinsam mit ihnen die Welt mit allen Sinnen zu entdecken, um sie so in ihrer Entwicklung zu begleiten.

Nina Held
Gaby Fischer-Düvel

Theoretische Grundlagen

Bildungszeit der Kinder in der Kindertagesstätte

Nach dem Selbstverständnis einer engagierten Bildungsarbeit in Tageseinrichtungen sollen Kinder in ihrer Entwicklung zu eigenständigen Persönlichkeiten unterstützt werden. Bildung bedeutet nicht nur die Aneignung von Wissen, Fertigkeiten und Fähigkeiten. Es geht vielmehr darum, Kinder bewusst zu begleiten, weiterhin ihre Neugierde zu wecken und sie dadurch herauszufordern. Hierfür benötigen Kinder Umgebungen, um ihre Selbstbildungspotentiale ausschöpfen und entfalten zu können.

Bildungsarbeit muss an den Stärken, Fragen und Ideen der Kinder anknüpfen, um über unterstützende Impulse Möglichkeiten zu schaffen, neugierig dem eigenen Forschungsinteresse nachzugehen. Diese eigene Neugierde, den Dingen auf den Grund zu gehen, sich neuen Herausforderungen in allen Entwicklungsbereichen zu stellen, umfasst das ganzheitliche Lernen des Kindes.[1]

Denn für Dinge, für die wir uns begeistern, bringen wir viel Motivation und Engagement auf, mehr als für solche Dinge, die wir nur aus notwendiger Einsicht, jedoch ohne „Herzblut", erledigen. Den Kindern geht es genauso!

Neue Erkenntnisse aus Hirn- und Sprachforschung haben das Bild vom Kind als kompetentes Wesen maßgeblich mitbestimmt. Kinder sind von Geburt an lernwillig sowie lernbereit und streben danach, sich zu entwickeln. Diese Selbstbildungskompetenzen zeigen sich in der kognitiven, sozialen, emotionalen und motorischen Entwicklung. Kinder bilden sich nicht, indem sie fertiges Wissen von anderen übernehmen, sondern dadurch, dass sie sich begreifend mit ihrer Umwelt auseinandersetzen. Somit bilden sich Kinder gemäß der Grundaussage: „Ich kann nicht gebildet werden, bilden kann ich mich nur selbst."

Die individuellen Entwicklungsvoraussetzungen des Kindes stehen dabei immer im Zentrum dieses Prozesses. Das Wissen über die Stärken, Interessen und Bedürfnisse eines Kindes sowie seine Perspektive sind Ausgangspunkt für gelingende Bildungsprozesse.

Das Spiel stellt dabei in besonders ausgeprägter Weise ein selbstbestimmtes Lernen mit allen Sinnen dar. Es ist ein ganzheitliches Lernen, weil es die Entfaltung der Persönlichkeit des Kindes und seinen gesamten Entwicklungs- und Lernprozess fordert und fördert.

Spielen und Lernen sind deshalb keine Gegensätze, sondern bedingen sich gegenseitig und gehören untrennbar zusammen. Erst durch das Erproben eines Gegenstandes werden spezifische Erkenntnisse erfahren und als Wissen abgespeichert, also gelernt.

Vor allem das freie Spiel ist eine ideale Quelle für Lernmotivation, ebenso für die Entwicklung sozial-kommunikativer Kompetenzen und für ein offenes experimentierfreudiges Denken. Spielen ist daher als eine eigenständige und schöpferische Kraft des Kindes zu verstehen. Das Kind erwirbt im Spiel durch Ausprobieren, Nachahmung und Wiederholung viele Fähigkeiten und Fertigkeiten. Es entwickelt, erprobt und vertieft seine Kompetenzen, sowohl im Bereich der Wahrnehmung, der Motorik und

[1] (vgl. Schäfer, Gerd, Hrsg., Bildung beginnt mit der Geburt, Beltz-Verlag 2007, S. 107)

der Sprache als auch im sozial-emotionalen Bereich. Dazu sind im zweiten Teil des Buches zahlreiche Ideen zu finden.

Im Spiel eignen sich Kinder die Welt an und gestalten so ihren eigenen Lernprozess. Hierzu brauchen sie Erwachsene, die diese Tätigkeit als Bildungszeit wertschätzen und für das Kind eine angemessene und anregende Umgebung schaffen, in der es sich aus eigener Motivation heraus (weiter-)entwickeln kann. Die Raumgestaltung, die Bereitstellung entsprechenden Materials, die Zeit und die Zugewandtheit der Fachkraft spielen hier eine große Rolle.

Aus eigenem Antrieb und mit Freude lernt das Kind vor allem im Spiel. Kinder sind von Natur aus EntdeckerInnen, ErfinderInnen und ForscherInnen, die sich aktiv mit ihrer Umwelt auseinandersetzen, indem sie aufmerksam und neugierig sind. Kinder können und wollen Verantwortung für das eigene Lernen übernehmen. Hier sprechen wir von der Selbstbildung des Kindes.[2] Dieses Wissen um die Bedeutung des Spiels bildet die Grundlage für die Haltung der pädagogischen Fachkraft. Das Kind muss daher die Möglichkeit haben, sein Spiel selbst zu gestalten, über seinen Spielort, sein Spielthema, den Spielinhalt, seine SpielpartnerInnen, die Spielmaterialien und die Spielzeit selbst zu entscheiden. Nur so ist entdeckendes Spielen möglich.

„Das Bild vom Kind" als erzieherische Haltung in der Begleitung der Kinder

Die Grundhaltung und die pädagogische Beziehungsgestaltung des Erziehers/der Erzieherin prägen maßgeblich das Kind. Das Menschenbild der Fachkraft, ihre fachlichen Kompetenzen und auch ihre persönlichen Erfahrungen haben entscheidenden Einfluss auf die Entwicklung des Kindes. Kinder sind somit kompetent und daher Akteure (Konstrukteure) ihrer eigenen Entwicklung.

Das Kind als Akteur seiner Entwicklung

- Kinder sorgen von Anfang an für sich als aktiv handelnde Individuen
- Kinder leisten ihre Entwicklungsarbeit selber und wollen groß werden
- Kinder haben Lust auf Welt – Bewegung/Tätigkeit ist der Motor ihrer Entwicklung
- Kinder können Verantwortung für ihre Zufriedenheit, ihr Lernen ... wahrnehmen
- Kinder brauchen das Wohlwollen, den Halt und die Bindung von Erwachsenen und ihre Einfühlung

In: kindergarten heute spot,
So geht's mit Krippenkindern, 2004

Grundsätzlich durchlebt jedes Kind bestimmte Entwicklungsphasen. Dieses sind Phasen, in denen das Kind besonders offen und aufnahmefähig ist, bestimmte Fähigkeiten und Fertigkeiten leichter zu erlernen. Jedes Kind lernt dabei in seinem eigenen Rhythmus und nach seinem eigenen Lerntempo. Nach Maria Montessori sind jene Phasen die „sensiblen Perioden".[3] In diesem „offenen Zeitfenster" in den Entwicklungsstufen des Kindes zeigt es sich besonders aufnahmefähig und aufgeschlossen für Anreize im Bereich der Motorik, der Sensorik, der Sprache und dem Sinn nach Ordnungsstrukturen.

Entwicklung entsteht durch Neugierde, Lernfreude und natürlich durch spontane Tätigkeiten des Kindes. Dazu benötigt es einfühlsame und kompetente Bezugspersonen, die um die Bedeutung einer wertschätzenden

---

[2] (vgl. Ministerium für Schule, Jugend und Kinder des Landes Nordrhein-Westfalen, Bildungsvereinbarung 2003, S.16); (vgl. Regel, G.; Wieland, A., Offener Kindergarten konkret: Veränderte Pädagogik in Kindergarten und Hort, Verlag Hamburg, 1993, S.22); [3] (vgl. Wassilios E. Fthenakis, Martin R. Textor (Hg.): Pädagogische Ansätze im Kindergarten. Weinheim, Basel: Beltz 2000, S. 30–41);

Beziehung im Kindesalter wissen. Fachkräfte, die sie in ihrem Erfahrungslernen und in ihrer Selbstverwirklichung unterstützen, dabei aber auch ihre Bedürfnisse wahrnehmen und zugleich ihre Selbstbildungspotenziale erkennen.

ErzieherInnen finden sich in der Rolle des Begleiters und nicht als Animateure. Sie hören den Kindern zu, unterstützen sie und werden somit zu LernpartnerInnen für die Kinder. In der offenen Arbeit wird vom konstruktiven Lernen gesprochen. Das Kind wird als grundsätzlich aktiv und interessiert angesehen und braucht deshalb nicht von den ErzieherInnen stimuliert, motiviert und angespornt werden.[4] ErzieherInnen sind somit pädagogisch bewusst Handelnde, die dem Kind Bildungs- und Beziehungserfahrungen ermöglichen, es ganz individuell unterstützen, begleiten und gleichzeitig fördern.

Kompetenzen der pädagogischen Fachkraft

Kompetenzen sind nach WEINBERG alles, was ein Mensch wirklich kann und weiß, also alle Fähigkeiten, Wissensbestände und Denkmethoden, die ein Mensch in seinem Leben erwirbt und ihm zur Verfügung steht.[5]

Es ist daher die Summe aller Kenntnisse und Fertigkeiten einer Fachkraft, die sie individuell, sozial und methodisch einsetzt, um auch gegenüber anderen (Kindern, Eltern, KollegInnen etc.) sozial verantwortlich zu handeln.

In diesem Zusammenhang sprechen wir von der **Handlungskompetenz** der Fachkraft. Dabei handelt sich hier um Fähigkeiten, Fertigkeiten und Haltungen, die bei jeder pädagogischen Fachkraft individuell ausgeprägt sind und somit die Grundlage für die Begleitung der Kinder in deren Bildungszeit in der Tageseinrichtung darstellt.

Wie die einzelnen Kompetenzen miteinander verknüpft sind, verdeutlicht das folgende Schaubild:

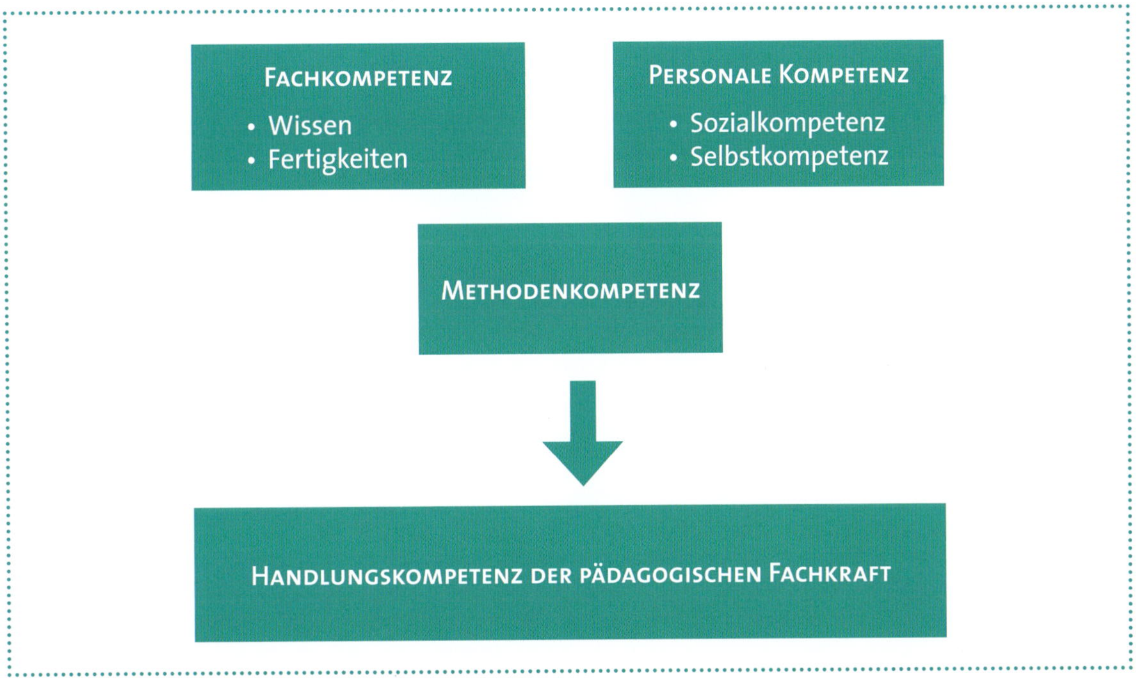

[4] (vgl. Regel, G.; Wieland, A., Offener Kindergarten konkret: Veränderte Pädagogik in Kindergarten und Hort, Verlag Hamburg, 1993, S. 300–312; [5] (vgl. www.competences.info/doc/2005_05_11_de_HeurekaNet_Kompetenz_Definition.pdf)

Der Begriff **Handlungskompetenz** umfasst zum einen die **Fachkompetenz** mit den beiden Komponenten Wissen und Fertigkeiten und zum anderen die **personale Kompetenz**, bestehend aus Sozial- und Selbstkompetenz. Dabei ermöglicht die Methodenkompetenz, unter Berücksichtigung aller zur Verfügung stehenden Methoden, Materialien sowie Medien, den Kindern Möglichkeiten aufzuzeigen, wie diese ihre Wünsche, Ideen und Interessen in geeigneter Form erarbeiten und realisieren können.

Am folgenden Beispiel werden die drei Kompetenzgruppen und ihr Bezug untereinander verdeutlicht:

Situation:
Die Erzieherin beobachtet, wie die Kinder eine Raupe unter einem Blatt entdecken und sagen: „Schau mal, was krabbelt da?"

Mehrere Kinder kommen und betrachten die Raupe. Ein Kind setzt sie auf die Hand, um noch genauer schauen zu können.

Die Erzieherin macht die Kinder auf die Lupengläser aufmerksam.

Fachkompetenz bedeutet allgemein:

Die Fähigkeit, fachbezogenes und fachübergreifendes **Wissen** zu verknüpfen, kritisch zu prüfen, zu vertiefen sowie in Handlungszusammenhängen anzuwenden. [6]

Als **Fertigkeiten** werden die Fähigkeiten bezeichnet, dieses genannte Wissen anzuwenden und professionell umzusetzen, um hierdurch alle Aufgaben auszuführen und den damit verbundenen Anforderungen gerecht zu werden.

Die Fachkraft benötigt konkret:

- biologisches Wissen über den Lebenszyklus dieser Insekten: von der Eiablage zur Raupe zum Schmetterling
- die Fertigkeit zur anschaulichen und kindgemäßen Wissenserarbeitung und Sachvermittlung, z. B. durch Lexika, Bestimmungsbücher, Expertenbefragung, etc.

Personale Kompetenz bedeutet allgemein:

Die **personale Kompetenz** umfasst den Bereich der Sozialkompetenz und den Bereich der Selbstständigkeit. Im Fokus stehen die Fähigkeit und Bereitschaft der pädagogischen Fachkraft sich weiterzuentwickeln, unter Berücksichtigung ihrer sozialen, kulturellen bzw. beruflichen Möglichkeiten.

Dabei beschreibt **Sozialkompetenz** die Fähigkeit und die Bereitschaft, zielorientiert mit anderen zusammenzuarbeiten, offen auf andere zuzugehen, eine positive sowie wertschätzende Grundhaltung anderen gegenüber zu haben und auch mit Konflikten angemessen umgehen zu können.

Die **Selbstkompetenz** meint hier die Bereitschaft, Verantwortung zu übernehmen und entsprechend verantwortlich zu handeln, dabei das eigene und das Handeln anderer zu reflektieren und auch die eigene Handlungsfähigkeit weiterzuentwickeln.

---

[6] (Prof. Dr. Thomas Bartscher, wirtschaftlexikon.gabler.de)

Die Fachkraft benötigt konkret:

- Achtung vor der Natur und eigene Wertschätzung gegenüber Raupen
- Planung eines Projektes unter Berücksichtigung von Partizipation der Kinder, Eltern und KollegInnen
- Kontakt zu SchmetterlingszüchterInnen, um den Entwicklungsprozess der Raupe zum Schmetterling beobachten zu können
- Verantwortung für die Zuchtphase und Freilassung der Schmetterlinge
- Begleitende methodische Verarbeitungsmöglichkeiten, um die Kinder in den verschiedenen Bildungsbereichen zu unterstützen (siehe Methodenkompetenz)
- Dokumentations- und Präsentationsmöglichkeiten für Kinder, Eltern ...
- Reflexion der einzelnen Projektphasen mit Kindern, KollegInnen und Eltern

Methodenkompetenz bedeutet allgemein:

Die Methodenkompetenz bezieht die Fachkompetenz und die personale Kompetenz mit ein. Sie umfasst jene Fähigkeiten, Fertigkeiten und Gewohnheiten, die erforderlich sind, um konkrete Projekte, Aktivitäten, Impulse und Arbeitsschritte angemessen kind- und zielorientiert zu planen und umzusetzen. Hierzu gehören Kenntnisse, die unterschiedlichen Arbeitstechniken sachbezogen und situationsgerecht anzuwenden.

Die Fachkraft benötigt konkret:

Vielfältige methodische Möglichkeiten zum Beobachten, Dokumentieren, Forschen, Gestalten, Betrachten von Bild- u. Buchmaterial, Lieder und Spiele etc. zur anschaulichen Erarbeitung der Entwicklungsprozesse dieser Insekten und der Lebenswelt von Raupen/Schmetterlingen unter Berücksichtigung möglichst aller Bildungsbereiche:

- Bewegung
- Spielen und Gestalten, Medien
- Sprache(n)
- Natur und kulturelle Umwelten

Fazit

Erst das Zusammenwirken all dieser beruflichen Qualifikationen macht die Handlungskompetenz der Fachkraft aus. Dadurch ist sie in der Lage, individuell, flexibel, empathisch, sach-, sozial- und methodenkompetent Kinder in ihrer Neugierde und in ihrem Handeln bedürfnisorientiert zu unterstützen.

Im ErzieherInnenberuf haben all diese Anforderungen an die eigene Persönlichkeit einen hohen Stellenwert, die durch individuelle Eigenschaften wie Ausstrahlung, Lebensoptimismus und Zuverlässigkeit noch verstärkt werden.

Kinder brauchen diese zuverlässigen, einfühlsamen, taktvollen und optimistischen Erwachsenen, die ebenso über Fachwissen als auch über entsprechende fachliche Fertigkeiten verfügen.

Führe dein Kind
immer nur eine Stufe nach oben.
Dann gib ihm Zeit zurückzuschauen
und sich zu freuen.
Lass es spüren,
dass auch du dich freust,
und es wird mit Freude
die nächste Stufe nehmen.

Franz Fischereder

Gestaltung des freien Spiels

Die Spielentwicklung des Kindes

Beobachtet die Fachkraft Kinder in Spielsituationen, so werden ihr sofort **zwei Dimensionen** des Spiels deutlich:

- Das soziale Miteinander der Kinder untereinander, das dadurch gekennzeichnet ist, inwieweit sie soziale Kontakte aufbauen und von welcher Qualität diese sind.
- Die Art der Spieltätigkeit der Kinder, die Spielform, mit der sich die Kinder konkret beschäftigen.

Beide Dimensionen, die **Sozialform des Spiels** und die **Spielform**, prägen das Spiel sowie das Spielgeschehen und sind dadurch untrennbar miteinander verbunden.

Die Kinder können bei den Spielformen unterschiedliche Sozialformen wählen, je nach ihrem individuellen Entwicklungsstand oder entsprechend der Anforderung, die sich aus der jeweiligen Spielform ergibt.

Neben der Bedeutung für die kognitive, emotionale und motorische Entwicklung des Kindes beinhaltet das Spiel vor allem ein soziales Phänomen, denn viele Spielformen benötigen zwangsweise MitspielerInnen, wie z. B. bei Sportspielen, Kreisspielen etc.

Für pädagogische Fachkräfte hat dieses Wissen um die Dimension des Spiels Konsequenzen. Die Fachkraft muss die Spielsituation der Kinder genau beobachten, um zu erkennen, welche Spielform und welche Sozialform die

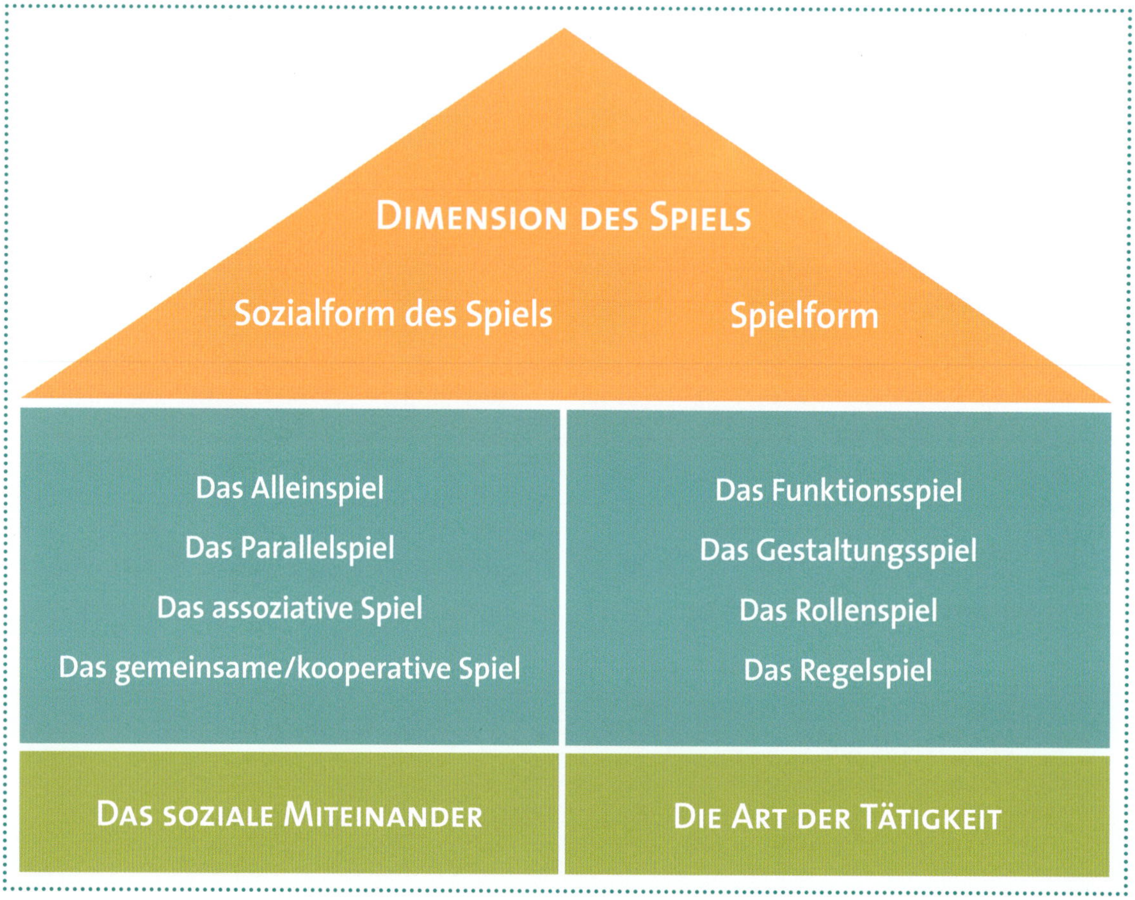

Kinder gewählt haben. Nur so kann sie entsprechend darauf reagieren, denn die daraus gewonnenen Erkenntnisse beeinflussen die Wahl ihrer Spielbegleitung, ihrer Spielangebote und des angebotenen Material.

Die Sozialkompetenz des Kindes, d.h. mit anderen Menschen zu kooperieren und gemeinsam Ideen zu entwickeln und umzusetzen, entwickelt sich in den ersten Lebensjahren. Dabei wächst gleichzeitig auch das Interesse an Sozialpartnern, die mit zunehmender Autonomie immer bedeutungsvoller für das Kind werden.

Die Sozialform des Spiels

Das Kind durchläuft verschiedene Stufen in der Sozialform des Spiels, bis es die Fähigkeit des gemeinsamen Spiels mit all seinen sozialen Anforderungen erreicht hat. Diese ist gleichzeitig gekoppelt mit der Zunahme sozialer Kompetenzen und Fähigkeiten.
Bei Kindern im Vorschulalter lassen sich verschiedene Kategorien des sozialen Verhaltens beobachten (siehe Schaubild).

Das Kind im Vorschulalter wird in seinem gesamten Verhalten von seiner **egozentrischen Weltsicht** geprägt. Das heißt, das Kind empfindet sich als den Mittelpunkt der Welt, aller Geschehnisse und Vorkommnisse.

Es kann nur sich und seine Person, deren Bedürfnisse und Wünsche wahrnehmen. All sein **Handeln und Streben ist darauf ausgerichtet, seinen Bedürfnissen gerecht zu werden.**

Erst mit zunehmendem Alter und mit wachsenden sozialen Fähigkeiten gelingt es dem Kind, andere Personen, deren Gefühle und Wahrnehmungen in seine Gedankenwelt einzubeziehen und eigene Wünsche und Bedürfnisse zurückzustellen.

Kinder unter zwei Jahren können ihre Aufmerksamkeit gleichzeitig nicht mehr als zwei Personen zuwenden. Im Alter von drei Jahren bestehen Kindergruppen in der Regel aus drei Kindern. Diese Spielgruppen sind meist instabil und können sich noch jederzeit wieder verändern.

Bei etwa fünfjährigen Kindern können die Spielgruppen auf vier bis fünf Kinder anwachsen, die meist schon eine gewisse Stabilität aufweisen, und gelangen so zum sozialen Miteinander, zum Spiel mit anderen Beteiligten.
Voraussetzung zum sozialen Spiel ist die Überwindung der egozentrischen Weltsicht. Erst, wenn dies erfolgt ist, verfügt das Kind über die Fähigkeit, auf andere zuzugehen und auf andere einzugehen und dabei kann es auch deren Interessen mit berücksichtigen. Diese Entwicklung beginnt meist im dritten Lebensjahr. Ein wesentlicher Grund hierfür liegt in der Zunahme der sprachlichen Kompetenz und

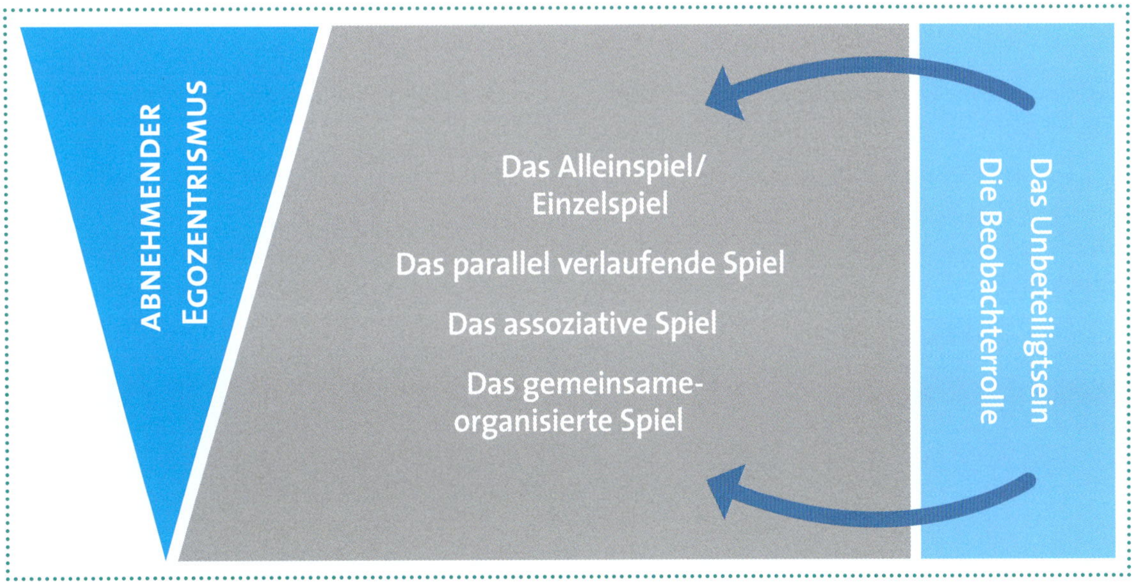

der Veränderung des kindlichen Weltbildes. Kooperation, eine Voraussetzung zum sozialen Spiel, setzt sprachliche Kompetenz voraus.

Obwohl generelle Aussagen zu den Stufen der sozialen Reife nicht gemacht werden können, hat jedoch folgende Feststellung Gültigkeit:

Jedes Kind durchlebt die vier Sozialformen des Spiels. Die Intensität und das Tempo, in der die einzelnen Phasen durchlaufen werden, werden vom Kind bestimmt und sind individuell unterschiedlich ausgeprägt. In der Regel wird keine dieser Phasen übersprungen.

Das Wissen um die Sozialformen des Spiels hat grundlegenden Einfluss auf die Begleitung des Spiels durch die ErzieherInnen. In direktem Zusammenhang mit dem Abnehmen der egozentrischen Weltsicht des Kindes steht die Möglichkeit, die einzelnen Sozialformen des Spiels aufzunehmen. Je stärker der EGOZENTRISMUS abnimmt, desto mehr ist das Kind in der Lage, die Vorstellungen, Wünsche, Bedürfnisse und Ideen anderer MitspielerInnen wahrzunehmen und mit zu berücksichtigen.

Zum Teil überfordern ErzieherInnen Kinder, wenn sie diese durch falsch verstandene Förderung oder fehlende Kenntnisse über die Sozialformen des Spiels und über die Spielformen anleiten, die nicht dem Entwicklungsstand der Kinder angemessen sind. So z. B. wenn vierjährige Kinder Mensch-ärgere-dich-nicht spielen. Hier haben die Kinder Freude an der Funktion der Figuren, Würfel und des Spielbretts, mit denen sie spielen, doch die Kinder sind nicht in der Lage, regelkonform zu spielen. Die Komplexität der Spielregel überfordert sie.

Die folgenden Erläuterungen der einzelnen Sozialformen sind hier als Anregungen zu verstehen. Erst die Beobachtung der Kinder – gekoppelt mit Fachwissen – lässt eine pädagogische Fachkraft kompetent handeln.

Dieses Fachwissen zu den einzelnen Kategorien der jeweiligen Sozialform des Spiels wird im Folgenden als tabellarischer Überblick zusammenfassend beschrieben. Dabei werden mögliche Gründe für kindliches Verhalten genannt, hilfreiche erzieherische Reaktionen und unterstützende Möglichkeiten durch bewusste Raumgestaltung aufgezeigt. Die angeführten Gründe und Konsequenzen für das erzieherische Verhalten sind hier jedoch nur als Denkanstoß zu verstehen.

Das Unbeteiligt-Sein

Das Kind nimmt keinen Kontakt zu seiner Umgebung auf und zeigt kein erkennbares Interesse an seiner Umgebung und den Geschehnissen.

Mögliche Gründe für kindliches Verhalten	Erzieherisches Verhalten	Raumgestaltung
Erholung Probleme/Schwierigkeiten Suche nach Entspannung	Situation beobachten, zulassen, sich dem Kind in erzieherischer Zurückhaltung nähern, zulächeln, Ansprache/Kontaktaufnahme („*Ah, ich seh, du schaust*“), stärkenorientierte Angebote, Motivation, auf Rückzugsmöglichkeiten verweisen	Rückzugsmöglichkeiten einrichten/bereithalten, (gemütlicher Sessel, Sitzschaukel, Sofa ...)

Die Beobachterrolle

Das Kind schaut interessiert einer Spielsituation zu. Es verfolgt das Geschehen, ohne jedoch im Spiel selber aktiv zu werden. Manchmal gibt das Kind der beobachteten Spielgruppe verbale Anregungen.

Das Alleinspiel

Die erste *Sozialform*, die das Kind aufnimmt, ist das Alleinspiel. Das Kind spielt in dieser Phase alleine und nimmt keinen aktiven Kontakt zu anderen Spielpartnern auf. Teilweise beobachtet es das Spiel anderer Kinder, beteiligt sich jedoch nicht aktiv an ihrem Spiel.

Mögliche Gründe für kindliches Verhalten	Erzieherisches Verhalten	Raumgestaltung
In Ruhe etwas erforschen wollen Keine Spielpartner sich nicht mit anderen auseinandersetzen wollen, Ausgeprägter EGOZENTRISMUS	Respektieren und akzeptieren Erforschen der Beweggründe, sich dazu setzen Parallelspiel aufnehmen, Spielpartner vermitteln	Viel Material von einer Sorte, beliebtes Material sollte mehrfach vorhanden sein, z. B. Puppen, Puppenwagen, Autos, Spiele, die das Alleinspiel ermöglichen Rückzugsmöglichkeiten einräumen

Das Parallelspiel

Zwei oder mehrere Kinder (je nach Alter) schließen sich bewusst zusammen. Sie wählen sich direkt als Spielpartner aus. Es ist für sie wichtig, dass der Spielpartner anwesend ist. Die Kinder suchen die gleichen oder auch sehr unterschiedlichen Materialien für ihr Spiel aus. Ihnen reicht es, dass der Spielpartner in der Nähe sitzt. Sie schauen sich gegenseitig zu, nehmen Anregungen auf, geben sich aber auch selber Hinweise. Dadurch halten sie den Kontakt aufrecht. Für die Spieltätigkeit selber hat der Spielpartner aber keine Bedeutung. Es findet keine wirkliche Kooperation statt.

Mögliche Gründe für kindliches Verhalten	Erzieherisches Verhalten	Raumgestaltung
Freundschaften werden gepflegt Abnehmender EGOZENTRISMUS	Respektieren und akzeptieren Erforschen der Beweggründe, parallel mitspielen, Spielpartner vermitteln Zulassen, dass Kinder unterschiedliche Spiele in den Bereichen spielen	Hier gelten die gleichen Aspekte wie beim Alleinspiel

Das assoziative Spiel

Die kooperativen Kontakte der Kinder untereinander nehmen nun zu. Sie beschäftigen sich mit den gleichen Materialien und beziehen sich gegenseitig in ihr Spiel ein.

Es erfolgt ein wechselseitiges Geben und Nehmen sowie ein Austausch über die Tätigkeit. Vorwiegend beschäftigen sich die Kinder jedoch mit ihrem eigenen Spiel. Nur für kurze Phasen kommt es zur Kooperation.

Mögliche Gründe für kindliches Verhalten	Erzieherisches Verhalten	Raumgestaltung
Die Bedeutung des Spielpartners nimmt zu Die soziale Kompetenz entwickelt sich Der EGOZENTRISMUS nimmt weiter ab	Respektieren und akzeptieren, Erforschen der Beweggründe Hilfe zu Kooperationen geben, Unterstützung bei Konflikten Zulassen, dass Spielgruppen sich abgrenzen	Abtrennungsmöglichkeiten oder eine Erweiterung des Spielbereiches anbieten

Das Gemeinsam-organisierte Spiel

Erst in dieser Phase der Spielentwicklung können die Kinder wirklich ohne Mithilfe des Erwachsenen miteinander kooperieren, kommunizieren und aufeinander eingehen. Jetzt ist das Spiel miteinander möglich.

Die Kinder entwickeln gemeinsame Spielideen, treffen Absprachen über den Spielinhalt und den Spielverlauf. Es ist ein hohes Maß an Kooperation und Kommunikation der Kinder untereinander zu beobachten.

Mögliche Gründe für kindliches Verhalten	Erzieherisches Verhalten	Raumgestaltung
Feste Freundschaften Abnehmender EGOZENTRISMUS	Respektieren und akzeptieren Erforschen der Beweggründe, Freiheiten einräumen Unterstützung bei Konflikten, d.h. Anregungen geben, Konflikte und Spannungen alleine zu lösen Schutz vor Störungen durch andere Kinder	Geschützte Spielräume ermöglichen

Erst, wenn Kinder sich in dieser Entwicklungsstufe befinden, sind sie in der Lage Regelspiele wie Brettspiele, Kartenspiele, Kreisspiele zu bewältigen oder an gelenkten Rollenspielen teilzunehmen.

Zeigen Kinder eine große Unaufmerksamkeit in ihrem Spiel, so ist das häufig ein **Merkmal für ihre Überforderung**. Anzeichen dafür kann z. B. sein, dass sie immer wieder auf das Einhalten von Regeln und Absprachen hingewiesen werden müssen. Ebenso eindeutige Signale sind auch, wenn sie immer wieder fragen, wann sie endlich an der Reihe sind, nicht warten und nicht aushalten können, bis die MitspielerInnen fertig sind.

Hinweis:
Das Kind kann keine Stufe der Sozialform überspringen, weil diese Stufen immer mit der Entwicklung des Kindes einhergehen. Das Kind kann aber, je nach Stimmung oder Verfassung, jederzeit eine frühere Stufe in der Sozialform des Spiels wieder aufnehmen.

Denn die beiden ersten Sozialformen, das **völlige Unbeteiligt-Sein und die Beobachterrolle** kann das Kind jederzeit und in jeder Phase einnehmen, da dieses Verhalten von seiner jeweiligen Stimmung und emotionalen Verfassung abhängig ist.

Die Altersangaben zu den einzelnen Impulsen im Praxisteil sind deshalb auch nur als Richtwert zu versehen. Es hängt immer vom Entwicklungsstand des Kindes ab, inwieweit die Anregung für das einzelne Kind geeignet ist.

Formen des Spiels

Die Spielentwicklung des Kindes folgt keiner vorgegebenen Spielhierarchie, sondern ist Ausdruck seiner individuellen Entscheidung. Daher wird das Spiel neben der Sozialform auch nach seiner Art und seinen Spielinhalten differenziert.

Es wird unterschieden in:

- Funktionsspiele (auch sensumotorische Spiele oder Übungsspiele genannt)
- Gestaltungsspiele oder Konstruktionsspiele
- Rollenspiele
- Regelspiele

Das Funktionsspiel bzw. Übungsspiel

Die Funktionsspiele – auch Bewegungsspiele, Experimentierspiele oder sensumotorische Spiele (Wahrnehmungsspiele) genannt – dominieren in den ersten Lebensjahren. Das Kind wiederholt einfache Handlungsschemata und übt seine zunehmenden Fähigkeiten, die Funktionen. Dabei steht immer die Freude an der Bewegung im Vordergrund, da sie dem Kind Lust und Entspannung bereitet. Als Übungsspiele sind vor allem solche Spiele zu bezeichnen, die das lustvolle Erproben der Motorik und der Sinne betreffen. Der Säugling spielt zuerst mit seinem eigenen Körper, bevor er Gegenstände aus seiner Umgebung zum Spielen benutzt. [7]

Ab dem zweiten/dritten Lebensjahr verändern sich die Funktionsspiele, denn das Kind hat bisher vielfältige Grunderfahrungen mit unterschiedlichen Materialien sammeln können. Das Funktionsspiel hat jetzt den Charakter von Bewegungsspielen, sodass Bälle, Roller, Schaukeln, Kettcars, Fahrräder und Rollschuhe von den Kindern nun bevorzugt gewählt werden.

In der gesamten Spielentwicklung des Kindes wird das Funktionsspiel immer wieder aufgenommen, wenn das Kind sich mit neuen oder neuartigen Dingen auseinandersetzt und diese kennenlernen will. Erst die Kenntnis über die Funktion einer Sache ermöglicht dann das gezielte und vom spielenden Kind gewollte Handeln mit dem neuen Spielgegenstand.

[7] (vgl. Dem Spielen Raum geben, Freya Pausewang. Berlin 1997, S.110)

Das Kind kann z. B. aus Knete erst dann einen Gegenstand modellieren, wenn es um die Eigenschaften des Materials weiß.

Das Kind erwirbt bei diesen Funktionsspielen auch wichtige **sensumotorische Fähigkeiten** und **Grunderfahrungen**. Unter Berücksichtigung dieses Aspektes werden die Funktionsspiele auch als Experimentierspiele bezeichnet, die allmählich zu einfachen Gestaltungsspielen überleiten. Neben diesen sensumotorischen Erfahrungen wird besonders der kognitive Bereich angesprochen.

Beim Experimentieren mit dem eigenen Körper, mit Spielmaterialien und mit Objekten aus der Umwelt macht das Kind grundlegende Erfahrungen, die sein Wissen über die Eigenschaften des Gegenstandes erweitern. Darüber hinaus verstärkt das Experimentieren auch die Fähigkeiten des Kindes, Bekanntes wiederzuentdecken, neue Zusammenhänge zu erfassen, Rückschlüsse zu ziehen oder vorausschauend zu handeln. So unterstützt diese Spielform gerade in den ersten Lebensjahren die Entwicklung der Denkfähigkeit und der Intelligenz.

Wiederkehrende Spielhandlungen, z.B. das Üben von Schraubverschlüssen, kennzeichnen das Funktionsspiel und bilden die Grundlage für die Fähigkeit des anschaulichen Denkens und für die Struktur des Erkennens von Kausalzusammenhängen (Ursache-Wirkung).

Das Gestaltungsspiel bzw. Konstruktionsspiel

Mit etwa drei Jahren beginnt das Kind mit den ersten Gestaltungs- oder Konstruktionsspielen. Die Grundlagen dafür werden bereits im zweiten Lebensjahr gelegt, wenn das Kind bei den Funktionsspielen verschiedene Materialien spezifisch anwendet (z.B. Sand in ein Gefäß füllt, mit Bausteinen einen Turm errichtet usw.). Es handelt sich in diesem frühen Alter jedoch noch nicht um wirkliche Gestaltungsspiele, weil die Freude am Experimentieren (Funktionslust) im Vordergrund steht und nicht die Ausführung eines geplanten Werkes.

Kennzeichnend für das **Gestaltungs- bzw. Konstruktionsspiel** ist, dass Materialien verwendet werden, die sich verändern, umgestalten oder auch neu kombinieren lassen, um damit etwas Neues zu erstellen. So können Bauwerke längere Zeit aufbewahrt werden, immer wieder betrachtet oder in andere Spielformen wie dem Rollenspiel eingebunden werden. Hinweis: Der Impuls auf S. 63 verdeutlicht diese Art des Spiels.

Das Gestaltungsspiel erstreckt sich auf alle Materialien, die der oben genannten Beschreibung entsprechen, das können z. B. Bausteine, formbare Materialien wie Knete, Sand, Ton oder Legematerialien wie Stifte, Wolle, Kartons etc. sein. Für die motorische, kognitive, emotionale und soziale Entwicklung haben Gestaltungsspiele (Konstruktionsspiele) besondere Bedeutung:

Motorische Entwicklung

Durch die Auseinandersetzung mit Materialien werden motorische Funktionen und Kräfte des Kindes unbewusst angeregt. Das Kind übt ungeplant die motorischen Fähigkeiten sowie Funktionen und verbessert seine Handgeschicklichkeit.

Beispiele: Nüsse knacken S. 48, Auffädeln S. 53, Schraubbrett S. 32

Kognitive Entwicklung

Vor allem fördert das werkschaffende Spiel planvolles Gestalten und Kombinieren, das Entwickeln von Fantasie, wie etwas gestaltet werden kann, welche Materialien dazu benötigt werden und ebenso auch das räumliche Sehen. Schließlich wird durch das Gestaltungsspiel die Leistungsmotivation des Kindes beeinflusst. Der innere Antrieb, etwas fertigzustellen, auch wenn der Weg dahin mit viel Mühen und auch Misserfolgen einhergeht, führt letztendlich zum Erfolg. Das macht stolz und selbstbewusst. Das Kind erwirbt schon hier wichtige Voraussetzungen für sein späteres Leben.

Beispiele: Spatel als Konstruktionsmaterial S. 59, Veränderbare Murmelbahn S. 99, „Baumaterial" S. 63

Emotionale Entwicklung

Die Erfahrung, dass es selbst etwas gestalten kann, bereitet dem Kind Freude und verstärkt das Selbstbewusstsein. Durch sein bewusstes Handeln kann es Erlebnisse verarbeiten und neue Kenntnisse gewinnen. Gerade das Malen und Gestalten mit formbaren Materialien (Knete, Ton, etc.) dient dem Kind oft als emotionale Ausdrucksmöglichkeit, die ihm die Sprache nicht bietet. Es kann dadurch seine inneren Vorstellungen und Gefühle verarbeiten: dem Eindruck Ausdruck verleihen.

Beispiele: Mondsand, S. 77, Rückzugsmöglichkeiten S. 115, Lehm und Ton S. 78

Soziale Entwicklung

Sobald das Kind beim Gestaltungsspiel SpielpartnerInnen einbezieht, verlangt dies von ihm eine hohe soziale Kompetenz und fördert diese gleichzeitig, denn es müssen Absprachen getroffen werden, Kooperationen sind erforderlich, Konflikte müssen bewältigt und Kompromisse gefunden werden.

Beispiele: Murmellabyrinth S. 55, „Büro" im Rollenspiel S. 118, eine besondere Hängematte S. 116

Das Rollenspiel bzw. Fiktionsspiel

Das Kind schlüpft im Rollenspiel in andere Personen und ahmt deren Verhaltensweisen nach, z. B. die der Eltern, Erzieherin, Prinzessin, des Polizisten etc. In dieser fiktiven Rolle im Spiel, in der es so handelt, wie es sich diese Rolle vorstellt, wünscht oder erhofft. Dadurch hat es die Möglichkeit, seine inneren Vorstellungen in dieser Rolle auszuleben: Es kann nach Lösungen für Konflikte suchen und sie bewältigen oder sich nur großartig fühlen.

Bei der Beobachtung der Kinder in ihrem Rollenspiel lassen sich verschiedene Charakteristika immer wieder erkennen:

Die „Als-ob"-Einstellung

Dem Kind ist bewusst, dass es sich nicht in der Realität befindet. Es ist im Spiel voll und ganz in seiner Rolle und weiß auch, dass dieses nicht der Realität entspricht. Das wird auch durch die Sprache der Kinder deutlich. Sie verwenden dabei den Konjunktiv: „ Du würdest jetzt mal den Tisch decken und ich würde die Nudeln kochen!"

Oder: „Wir wären jetzt im Zirkus und jetzt wäre ich der Zirkusdirektor und alle anderen wären die Pferde!"

Willkürliche Symbolsetzung oder Umdeutung von Gegenständen

Das Kind verwendet Dinge und Materialien im Spiel und gibt ihnen für den Zeitraum der Spieltätigkeit eine neue Funktion oder Bedeutung. In seiner Fantasie wird eine Kiste zum Auto, Puppenbett oder auch zum Haus.

Die Verlebendigung von Leblosem

Leblose Dinge werden vom Kind beseelt und haben für den Zeitraum der Spieltätigkeit Gefühle, Empfindungen und verfügen über Sprache und Sprechfähigkeit, dabei wird z. B. eine Puppe zum Kind oder eine Holzfigur zum Autofahrer.

Die fiktive Verwandlung

„Ich wäre mal der Tiger..." Kinder ahmen Handlungen oder Handlungsabläufe nach. Sie versetzen sich selber in eine andere Rolle und identifizieren sich damit, z. B. faucht der „Tiger", kriecht auf allen Vieren, wirkt gefährlich durch die entsprechende Mimik.

Der Perspektivwechsel

Die Kinder kommunizieren über das Spiel, z. B. sagen sie: „Du wärst mal der Tiger und der würde ..." Über die Verwendung des Konjunktivs geben sie sich gegenseitig Hinweise, wie die jeweilige Rolle ausgefüllt werden soll. Damit besitzen sie die Fähigkeit, sowohl in der eigenen Rolle zu denken, zu empfinden, als auch die Rolle und das Spiel der anderen MitspielerInnen in ihr Handeln und Planen einzubeziehen. Auch dies zeigt sich in der Sprache der Kinder. Sie teilen mit, was der/die andere tun soll oder was sie selber tun und geben dem/der anderen so die Möglichkeit, die Ideen mit zu übernehmen und so die Spielhandlung aktiv mitzugestalten.

Das Rollenspiel ist die überwiegende Spielform der Kinder im Vor- und Grundschulalter. Dabei kommt ihm eine zentrale Bedeutung in der Entwicklung des Kindes zu. Meistens wird es mit dem Gestaltungsspiel kombiniert. Kinder gestalten ihre Spielwelten (sie bauen oder konstruieren etwas) und beginnen darin zu spielen (Rollenspiel z. B. auf dem Bauteppich), oder sie schaffen sich bewusst Räume oder Materialien für ein vorgesehenes Rollenspiel (z. B. die Manege für ihr Zirkusspiel).

Im Rollenspiel lernt das Kind seine Vorstellung zu gebrauchen und eigene Erfahrungen auf neue Situationen zu übertragen. Auch lernt es, nicht nur sich selbst zu berücksichtigen, sondern sich auch in andere Personen und Rollen einzufühlen. Regeln, die Voraussetzung für ein soziales Miteinander sind, werden konstruiert, bestimmt, festgelegt, erprobt und eingeübt.

Regelspiele bzw. regelgebundene Spiele

Nach den Funktionsspielen, den Gestaltungsspielen und dem Rollenspiel ist das Regelspiel die letzte Spielform, die das Kind in seiner Entwicklung zwischen dem sechsten und zehnten Lebensjahr erreicht.

Regelspiele setzen die Gruppenfähigkeit und das Verständnis der manchmal recht komplizierten Spielregeln voraus, daher kann man von Regelspielen erst ab dem 5. Lebensjahr sprechen. Vorher setzen die Kinder zwar auch Regeln um und halten sie auch ein, aber sie haben die Komplexität von vielen Regelspielen noch nicht verstanden und können daher nur einzelne Funktionen wie das Bewegen der Spielsteine, das Zählen beim Weitersetzen nachvollziehen.

Die Regelspielfähigkeit ist erreicht, wenn eigene Bedürfnisse, Wünsche, Empfindungen einer bestehenden Gruppe unterordnen zu können. Sie ist erst dann gegeben, wenn überwiegend die Sozialform des gemeinsamen Spiels gewählt wird. Mit zunehmendem Alter und wachsender sozialer Kompetenz gewinnt das Regelspiel daher immer mehr an Bedeutung.

Das Kind kann sich zunächst ohne die Mithilfe des Erwachsenen an keine äußere Regel halten, weil jede neue Anregung oder jeder Reiz aus der Umgebung aufgenommen wird und es darauf mit spontanem Handeln reagiert, das vom Spiel eher ablenkt. Erst im Laufe der Zeit und mit abnehmendem Egozentrismus ist es in der Lage, immer komplexere Vereinbarungen einzuhalten und vielschichtigere Strukturen zu beachten.

Die Regelspielfähigkeit wird geprägt von dem Vermögen, Regeln einzuhalten, aber ganz wesentlich auch von der Fähigkeit, mit Wettbewerbssituationen umgehen zu können, sie zu bewältigen.

Viele Regelspiele beinhalten einen Wettbewerbscharakter und damit implizieren sie Gewinnen und Verlieren. Wettbewerbssituationen werden in dem Moment, wo sie kognitiv erfasst werden, auch emotional besetzt.
Erfolge oder Misserfolge erzeugen Gefühle wie Stolz, Freude, Unbehagen oder Angst.

Die kognitive Erfassung von solchen Situationen gelingt dem Kind schon recht früh, die angemessene Verarbeitung von Misserfolgen aber wird erst in einem späteren Entwicklungsabschnitt möglich.

Mit ca. 3 Jahren ist das Kind noch nicht in der Lage, den Misserfolg, den es durchaus wahrnimmt, zu ertragen. Es hat verschiedene Möglichkeiten, damit umzugehen.

Es **vermeidet** ihn, durch die Spielverweigerung oder den Spielabbruch.

Es **verleugnet** ihn, indem es behauptet, es habe gewonnen. Die Situation ist so unerträglich für das Kind, dass es die Realität zugunsten der Wunschvorstellung verdrängt. Oder es **rationalisiert** den Misserfolg, indem es die Schuld auf die Situation/Würfel/Mitspielende überträgt. Dabei lügt das Kind nicht bewusst.

Erst mit 4–5 Jahren ist das Kind in der Lage, Wettbewerbssituationen länger zu ertragen und mit Misserfolgen umzugehen. Das Verlieren wird aber immer noch als persönliches Versagen gesehen, als große Belastung erlebt und geht mit Minderung des Selbstwertgefühls einher.

Merke:
Kinder suchen sich im entsprechenden Alter Wettbewerbssituationen, in denen sie sich mit anderen vergleichen können, um ihre eigenen Stärken zu überprüfen und zu erproben. Es ist ganz normal, dass Kinder sich mit anderen messen, daher ist in dieser Beziehung Wettbewerb gesund. Kinder sagen zum Beispiel: „Guck mal, ich kann das schon! Du auch?" Kinder suchen Herausforderungen, stärken ihre Fähigkeiten und ihr Selbstbewusstsein im Vergleich mit anderen. Hierzu benötigt das Kind ein Umfeld, das ihm Rückhalt und Sicherheit bietet, denn nur so kann es lernen, auch eine Niederlage zu akzeptieren, ohne Selbstachtung zu verlieren.

Die individuellen Unterschiede hinsichtlich der Belastungsfähigkeit sind sehr groß und auch hier können Kinder durch Erwartungen der Erwachsenen zu Leistungen angespornt werden, zu denen sie eigentlich noch nicht in der Lage sind. Die Fragwürdigkeit solchen Handelns wird hier nicht weiter erläutert.

Die folgende Tabelle veranschaulicht die Entwicklung des Regelverständnisses der Kinder in den einzelnen Altersstufen:

Alter	Regelverständnis	Wettbewerb/Verlieren	Bedeutung des Verlierens für das Kind
0–4 Jahre (stark ausgeprägter Egozentrismus)	Kinder sind kaum in der Lage, fremdgesetzte Regeln einzuhalten. Sie lassen sich von spontanen Impulsen in ihren Interessen leiten. Der Erwachsene muss ständig an die Regel erinnern und darauf hinweisen.	Die Wettbewerbssituation wird schon sehr früh erfasst. Die Kinder erkennen früh, dass das Ziel bei bestimmten Spielen das Gewinnen ist. Sie reagieren aufgrund des ausgeprägten Egozentrismus mit Vermeidung, Verleugnung, Rationalisierung und Selbsttröstung.	Das Gefühl des Verlierens wird nicht auf die Spielsituation beschränkt. Es kann zum Lebensgefühl werden: *Ich bin schlecht, nicht gut!*
4–5 Jahre	Abwechselnde Spielzüge sind möglich, da die Kinder spontane Bedürfnisse beschränkt zurückstellen können. Zum Einhalten von Regeln brauchen sie noch die Hilfe des Erwachsenen.	Verluste können kurzfristig ertragen werden. Häufig wählen die Kinder aber noch die oben beschriebenen Möglichkeiten zur Bewältigung der Situation.	Verlieren ist immer noch eine große Belastung und wird als Minderung des Selbstwertgefühls empfunden.
5–7 Jahre (überwundener Egozentrismus)	**Jetzt können Kinder selbständig, ohne Hilfe des Erwachsenen, Regeln einhalten.**	**Wettbewerb wird in dieser Phase wichtig.** **Kinder wollen sich mit ihren Fähigkeiten messen und vergleichen**	**Der Fakt (das Verlieren) und die Person werden getrennt gesehen.** **Das Verlieren hat keinen bzw. weniger Einfluss auf das Selbstwertgefühl des Kindes.**
ab ca. 8 Jahre	Das Regelverständnis ist ausgeprägt. Die Kinder entwickeln oft eigene, neue Regeln, die den Anspruch des Spiels erhöhen.	Wettbewerb, sich messen und vergleichen zu wollen, gewinnt an Bedeutung und wird das Thema in dieser Lebensphase	Das Verlieren kann auf die Situation übertragen werden und wird nicht als Abwertung der eigenen Person gesehen. Dies steht aber im direkten Zusammenhang mit dem Selbstwertgefühl des Kindes/Jugendlichen/Erwachsenen.

Grundlegende Kriterien zur Spielbegleitung des Kindes bzw. der Spielgruppe

Die Unterstützung durch eine geplante Spielbegleitung ist erforderlich, wenn:

- das Kind keine Idee für ein Spiel oder einen Spielort hat, keine Spielinitiative zeigt,
- die Kenntnisse und das Vorstellungsvermögen des Kindes nicht ausreichen, ein für sich zufriedenstellendes Spielszenario zu entwickeln (z. B. kennen Großstadtkinder keine Landmaschinen und beziehen diese nicht in ihr Bauernhofspiel mit ein, anders als Kinder, die im ländlichen Umfeld aufwachsen),
- das Kind grundsätzlich Interesse an Spielpartnern hat, aber seine Spielidee nicht verbalisieren kann. So kann es andere Kinder nicht damit begeistern, sich ihm anzuschließen und gemeinsam zu spielen.

Die Fachkraft begleitet die Kinder in ihrer Spielzeit und beobachtet ihr Spielverhalten mit erzieherischer Zurückhaltung. Gibt es Störungen im Spielverlauf, ist das ein Signal für die Fachkraft, aufmerksam zu sein und zu schauen, woher diese Unstimmigkeit kommen könnte.

Gründe dafür können sein:
- Kinder finden keine Einigung über die Akzeptanz bzw. Ablehnung der Spielpartner
- die Verbalisierung eines Kindes wird von anderen Kindern nicht verstanden oder
- es kann keine Einigung über den Spielinhalt gefunden werden.

In diesen Situationen ist die Fachkraft gefordert, angemessen zu intervenieren und zu entscheiden, in welcher Art und Weise ihr Eingreifen erfolgen soll.

Das kann zum einen das aktive Mitspiel sein oder der bewusst gesetzte Spielimpuls oder zum anderen die Spielbegleitung nach Marte Meo. [8]

[8] Marte Meo (übersetzt: Aus eigener Kraft) richtet den Blick auf die zwischenmenschlichen Interaktionen. Die Methode soll die Entwicklung, das Lernen und das soziale Miteinander begünstigen. Sie soll helfen, eigene oder vorhandene Ressourcen und Kompetenzen zu nutzen und weiter zu entwickeln. Diese Fähigkeiten gilt es zu erkennen und zu stärken. (http://martemeoinstitut.de/)

Formen der Anregung und Begleitung des Spiels durch die pädagogische Fachkraft:

Mitspielen	Spielimpuls	Spielbegleitung in Anlehnung an Marte Meo (Aus eigener Kraft)
Die pädagogische Fachkraft bietet sich als aktiver Spielpartner an. Sie berücksichtigt dabei das Spielinteresse und die sozialen Kompetenzen der Kinder und schafft die Ambivalenz, also die Balance zwischen Lenkung und sich von Spielpartnern lenken zu lassen.	Durch die Vorbereitung eines Spielraumes, eines Spielarrangements und/oder dem Bereitstellen von Materialien (vorbereitete Umgebung) regt die Fachkraft zur Aufnahme eines Spiels an.	Die pädagogische Fachkraft begleitet das Spiel des Kindes durch ihre erzieherische Zurückhaltung und durch die Verbalisierung der beobachteten Tätigkeit. Es findet keine oder nur sehr reduzierte aktive Spieltätigkeit der Fachkraft statt. In ihrem Vorgehen orientiert sie sich an den Handlungsschritten: Wahrnehmen, Bestätigen und dem Benennen der Handlung des Kindes zur Anwendung.

Direkter Impuls

Die Fachkraft

- regt das Spiel/eine Tätigkeit aktiv an,
- führt neue oder bekannte Materialien ein,
- begleitet das Spiel oder die Tätigkeit des Kindes für einen beschränkten Zeitraum und
- zieht sich in einem geeigneten Moment zurück,
- so dass die Kinder das Spiel/die Tätigkeit alleine weiterführen können

Indirekter Impuls

Durch die

- Raumgestaltung,
- den Zeitrahmen und
- die bewusste Materialdarbietung

soll ein Kind/eine Kindergruppe angeregt und motiviert werden, ein Spiel/eine Tätigkeit aufzunehmen bzw. zu beginnen.

Impulse als Bildungsangebote

Der Spielimpuls versteht sich als Anregung oder als Anstoß für das Kind oder für eine kleine Spielgruppe, eine Spieltätigkeit zu beginnen, sie aufzunehmen, weiterzuführen, zu erweitern oder auch zu verändern.

Der **Impuls** wird aus der Beobachtung abgeleitet und richtet sich **immer** ganz direkt an das einzelne Kind oder an die kleine Gruppe. Es ist immer zu entscheiden, ob dieser Spielimpuls direkt (mit Einflussnahme der Fachkraft) oder indirekt gesetzt wird (keine direkte Einflussnahme der Fachkraft, sondern z. B. durch die vorbereitete Umgebung). Kinder haben immer erst etwas gelernt, etwas begriffen, wenn sie die Möglichkeit haben, Dinge bewusst zu greifen und dadurch etwas zu begreifen, zu verstehen.

Nur durch diese Fähigkeit können wahrgenommene Gegenstände vom Kind ganzheitlich erfasst werden. Je jünger die Kinder sind, desto wichtiger ist dieses Erfahrungslernen mit allen Sinnen!

Fazit: Das Kind kommt über das Greifen zum Begreifen und hat dadurch etwas begriffen!

Bildungsarbeit bedeutet, Situationen aufzugreifen oder anzulegen, die die ganzheitliche und umfassende Aneignung der Umwelt ermöglichen. Die Gelegenheiten, aktives und selbsttätiges Lernen herauszufordern, müssen vom Erzieher mit viel Empathie wahrgenommen und begleitet werden.

Natürliches Lernen findet im Alltag statt. Es erfolgt überall dort, wo zufällige Informationen oder beiläufig gefundene Problemlösungen von Kindern bewusst wahrgenommen und festgehalten werden. Dieses sind wichtige Bausteine für die kindliche Selbstbildung und kann nur dort in Gang kommen, wo Wahrnehmungen, Antriebe, Interessen und Fragen der Kinder angesprochen und angeregt werden. (vgl. http://www.handbuch-kindheit.uni-bremen.de/teil2_1.html)

Beispiel: *Die pädagogische Fachkraft beobachtet:*

Jona (5 Jahre) und Tim (5 Jahre) stehen auf dem Spielplatz neben einer Pfütze. Sie halten beide einen Zweig mit Blättern ins Wasser. Jona sagt: „Ich fange einen ganz großen Fisch." Tim antwortet: „Ich auch. Die Angel musst du ins Wasser halten und vorher weit ausholen. So macht man das." – Tim macht eine ausholende Bewegung mit dem Zweig und lässt dessen Blätter die Oberfläche der Pfütze berühren. – „Mein Fisch mag Regenwürmer, er beißt gleich an und dann können wir ihn über dem Feuer braten." Jona sagt: „Mein Fisch mag nur Blätter. Er beißt auch an und dann werfe ich ihn in den Eimer."

Tim antwortet: „Mein Opa nimmt sie immer mit nach Hause und meine Oma macht dann Essen daraus."

Fazit:
Tim und Jona sind erkennbar auf der Stufe des gemeinsam-kooperativen Spiels und interessieren sich für die Funktion einer Angel und deren Anwendung. Sie nutzen einen Zweig mit Blättern als Ersatz für eine „richtige" Angel. Sie machen die Bewegungen beim Angelauswerfen nach und unterhalten sich darüber, was sie anschließend mit den (imaginären) gefangenen Fischen machen möchten.

In diesem Rollenspiel tun die Jungen so, als ob sie wirklich angeln würden, denn Tim scheint schon Vorerfahrungen im Angeln durch seinen Opa zu haben.

- Als <u>direkten Impuls</u> kann die Fachkraft, die das Spiel der Kinder beobachtet hat, das Spielinteresse weiter unterstützen, indem sie als Spielanregung die Kinder an die Magnetangeln vom Angelspiel (Brettspiel) erinnert. Die Kinder können diese Anregung aufgreifen und ihr Spiel weiterentwickeln.

- Als indirekten Impuls kann die Fachkraft beiden Kindern unkommentiert eine Kunststoffwanne mit Wasser zur Verfügung stellen, in die sie Gegenstände legt.

Wenn die Kinder auf die Wasserwanne aufmerksam werden, könnten sie ihre Angeln testen.

Themen, wie z.B. Magnetismus oder die Schwimmfähigkeit von Gegenständen im Wasser können die Kinder wieder zu neuen Entdeckungen anregen.

Für die pädagogische Arbeit der Fachkraft ist es wichtig, solche Situationen zunächst sensibel wahrzunehmen und durch unterstützende Hilfestellungen und durch eine offene Kommunikation mit den Kindern Bedingungen zu schaffen, die diese zu neuen Erfahrungen und Erkenntnissen führen können.

Vornehmlich geschieht dieses im „Freispiel", also in der Zeit, in denen die Kinder ihren spontanen Betätigungen nachgehen. Hierzu benötigt die Fachkraft viel Einfühlungsvermögen, um in dieser freien Spielphase Situationen zu erkennen, in der die Kinder sich durch ein Zunicken, einen unterstützenden Handgriff oder einen weiterführenden Hinweis verstanden fühlen und ihnen hilft, ihre Ideen umzusetzen, ohne dabei belehrend zu sein.

Solche Impulse sind solche Auslöser für die geistige Selbstständigkeit des Kindes und somit auch gleichzeitig der Anstoß dafür, dass das Kind aus eigener Initiative heraus handelt und sich so selbst bildet.

Zur besseren Übersicht haben wir die Impulse jeweils einem bestimmten Kapitel bzw. Bildungsbereich zugeordnet. Alle Altersangaben dienen hierbei nur zur allgemeinen Orientierung. Entscheidend ist der Entwicklungsstand der Kinder, der letztendlich aber nur von der pädagogischen Kraft selbst eingeschätzt werden kann.

Verantwortlich muss auch darauf geachtet werden, dass die verwendeten Materialien altersgemäß „kindersicher" sind: keine scharfen Kanten etc. aufweisen, nicht zu schwer sind, keine verschluckbaren Kleinteile enthalten, um so Verletzungsgefahren vorzubeugen. Viele Anregungen aus diesem Buch können auch anderen Kapiteln zugeordnet werden, denn Kinder entwickeln durch unterschiedliche Gegenstände und Materialien viel Fantasie und so entsteht eine Fülle von kreativen Spielideen. Hier kommt es auf die pädagogische Fachkraft an, Kindern die Möglichkeiten dazu zu schaffen.

Ausgangspunkt jeglichen pädagogischen Handelns ist immer der Blick vom Kind aus verbunden mit der Wahrnehmung seiner individuellen Bedürfnisse, Wünsche und Interessen.
Nur so ist Selbstbildung möglich!

IMPULSE
IN DER PRAXIS

IMPULSE IN DER PRAXIS

BEWEGUNG: FEIN- UND GROBMOTORIK

Egal, ob drinnen oder draußen, Bewegung ist ein grundlegendes Bedürfnis von Kindern. Schon Piaget sagte:

„Bewegung ist eine elementare Form des Denkens."

In diesem Kapitel stellen wir Impulse zum Thema „Bewegung: Fein- bzw. Grobmotorik" vor. Draußen zu spielen, stärkt die Abwehrkräfte, es werden Bewegungsabläufe eingeübt und alle Sinne angesprochen. Für die Feinmotorik als auch für die Grobmotorik sind koordinierte Bewegungen eine wichtige Voraussetzung, ebenso wird das Gleichgewichtsempfinden trainiert und die Fantasie angeregt.
Die Devise für jedes Kind und somit auch für jede pädagogische Fachkraft lautet:

„Ab nach draußen!"

Tischtennisbälle

DER IMPULS

Die Fachkraft füllt in die große Plastikschüssel oder Wanne Wasser und schüttet die Tischtennisbälle hinein. Die Kinder fischen die schwimmenden Bälle mit dem Teesieb heraus und geben sie in die kleine Plastikschüssel. Jüngere Kinder nutzen dazu auch gerne die Hände. Sind alle Bälle geangelt, werden die Bälle aus der kleinen einfach wieder in die große Schüssel umgefüllt.

MATERIAL

▸ beliebig viele Tischtennisbälle ▸ kleine und große Kunststoffschüssel oder Wanne ▸ Teesieb

VARIANTEN

- Die Bälle können mit verschiedenen Farben gekennzeichnet werden. So lassen sich zuerst die grünen, dann die gelben und zum Schluss die roten Bälle angeln. Vielleicht überlegen sich die Kinder selbst eine „farbige Reihenfolge“, in der sie die Bälle angeln möchten.
- Die Bälle lassen sich mit einem Magnetband versehen. Die Kinder fischen die Tischtennisbälle dann mit selbst hergestellten Magnetangeln heraus.
- Für „Profis“ lässt sich der Motivationscharakter erhöhen, indem z. B. Deckel von Kunststoffflaschen ins Wasser gegeben werden. Diese dürfen dann nur mithilfe zweier Holzstäbchen oder einer Grillzange aus dem Wasser geholt werden.

ab 3 Jahren

Drainagerohre

DER IMPULS

Die Fachkraft befestigt das Drainagerohr – mit entsprechendem Befestigungsmaterial – an einer Wand im Außen- oder Innenbereich. Die Höhe, auf der das Rohr angebracht wird hängt von der Größe der Kinder und der sicheren Erreichbarkeit des Rohrs z. B. durch eine Treppe, Leiter, einen Kasten etc. ab. **Wichtig:** Es muss darauf geachtet werden, dass keine scharfen Kanten an den Enden des Rohres entstehen. Diese sollten auf jeden Fall abgefeilt bzw. abgeklebt werden.

Die Kinder lassen verschiedene Gegenstände durch das Rohr gleiten. Das Geräusch, das die Gegenstände im Rohr machen, und das plötzliche Auftauchen der Gegenstände am Ende des Rohres lassen für die Kinder viel Raum zum Experimentieren.

Welcher Gegenstand verlässt am schnellsten das Rohr?
Welcher Gegenstand macht welches Geräusch?
Schaffe ich es, den Gegenstand am Ende direkt aufzufangen?

MATERIAL

▸ Drainagerohr ▸ evtl. Schellen ▸ Regalbügel und Kabelbinder etc., um das Rohr an einer Wand zu befestigen ▸ Gegenstände, die durch das Rohr gerollt/gesteckt werden können z. B. Bälle, Spielzeugautos etc ▸ im Außenbereich evtl. Sand oder Wasser

HINWEISE

- Zwei Röhren nebeneinander lassen ein „Wettrennen" der Gegenstände zu.
- Wird das Rohr im Außenbereich genutzt, erhöht sich das Materialangebot (Wasser, Sand, Naturmaterialien), das zum Experimentieren einlädt.

ab 2 Jahren

Murmelspiel

DER IMPULS

Die Fachkraft stellt den Kindern den Pappteller und die Murmeln zum Experimentieren bereit. Nach der Experimentierphase versuchen die Kinder, mit kreisförmigen Bewegungen, die Murmel am Tellerrand entlang rollen zu lassen, ohne dass die Murmel vom Teller fällt. Um dem Kind den Weg der Murmel zu verdeutlichen, kann der Tellerrand mit einem Filzstift markiert werden.

MATERIAL

▸ Pappteller ▸ Murmel, farbiger Filzstift ▸ evtl. Einmalsuppenteller aus Plastik

VARIANTEN

- Um das Spiel zu vereinfachen, wird der Pappteller durch einen Einmalsuppenteller aus Kunststoff ersetzt. Der Rand ist somit höher und die Murmel fällt nicht so schnell herunter.
- Richtige „Profis" können ihr Glück auch mit mehreren Murmeln versuchen.

ab 5 Jahren

Schraubbrett

DER IMPULS

Die Fachkraft befestigt an der Unterseite der Platte Holzleisten, damit die Platte durch die überstehenden Schraubenköpfe an der Plattenunterseite nicht wackelt. Danach bohrt sie durch die Platte jeweils passende Löcher, steckt die Schrauben von unten durch die Platte und dreht jede Mutter so fest, dass die Schrauben sich nicht mehr bewegen. In einer Schüssel stellt sie den Kindern Schraubenmuttern und Unterlegscheiben zur Verfügung. Für die Kinder ist es gar nicht so einfach, die richtige Mutter zur passenden Schraube zu finden und festzudrehen. Dem Alter und Entwicklungsstand der Kinder angepasst, kann zuerst für jede Schraube eine auffallende Kopfform der Mutter als Orientierung dienen.

MATERIAL

▸ Platte aus Massiv- oder Sperrholz (ca. 1,5 cm dick, ca. 40 cm lang, ca. 8 cm breit) ▸ Holzleisten ▸ Schüssel ▸ Gewindeschrauben mit unterschiedlichen Durchmessern und dazu passende Muttern in verschiedenen Kopfformen ▸ Unterlegscheiben

VARIANTEN

- Als zusätzlicher Schwierigkeitsgrad für ältere Kinder werden Unterlegscheiben dazugegeben und die Kopfform der Schraubmuttern unterscheiden sich nur noch gering.
- Das Brett mit den Bohrungen kann den Kindern als Unterlage dienen, selbst die Verschraubungen vorzunehmen.

Sicherheitshinweis: Die Kopfform der Muttern muss so groß sein, dass sie von jüngeren Kindern nicht verschluckt werden können!

ab 3 Jahren

Tropfen

DER IMPULS

Die Spielleitung stellt die Kunststoffbausteine mit dem Wasserschälchen und der Pipette auf das Tablett. Die Kinder ziehen Wasser in die Pipette und versuchen, einen Tropfen in bzw. auf die Noppen der Kunststoffbausteine zu platzieren.

Für die Kinder ist es eine nachhaltige Erfahrung zu sehen, wie die Wassertropfen auf den Noppen liegen bleiben. Auch die Funktionsweise einer Pipette fasziniert die Kinder. Dies wiederum lädt dazu ein, den Dingen wissenschaftlich auf den Grund zu gehen. Warum verhält sich das Wasser so?

MATERIAL

- Tablett
- große Kunststoffbausteine mit Noppen
- Pipette
- Schälchen mit Wasser
- kleines Handtuch

HINWEIS

Ein kleines Handtuch dient dazu, die Tropfen wieder zu entfernen, um somit erneut Wasser auf die Noppen träufeln zu können. Es ist ein Impuls, der dazu einlädt, das Element Wasser mit seiner Oberflächenspannung durch weitere Experimente genauer zu untersuchen.

ab 4 Jahren

Schläger aus Papptellern

DER IMPULS

Die Kinder legen zwischen zwei Pappteller einen Holzspatel und verkleben beide Teller miteinander. Damit der Spatel sich nicht so leicht löst, sollte er zusätzlich noch mit Klebeband an den Tellern fixiert werden. Angemalt wirken die Schläger attraktiver.

Ist alles getrocknet, können die Kinder mit dem „Papptellerschläger" einen Luftballon hin und her schlagen.

MATERIAL

▸ Pappteller ▸ Spatel ▸ Luftballon ▸ Kleber ▸ evtl. Klebeband ▸ evtl. Buntstifte

HINWEIS

In der Turnhalle oder im Bewegungsraum lässt sich mit dem Ballon und den Schlägern spielen. Draußen ist dies nur bei Windstille möglich, da der Ballon sehr leicht ist und durch den Wind weggeweht wird.

Keine Pappteller oder Spatel zur Hand? Es lassen sich auch Fliegenklatschen als Schläger nehmen!

ab 4 Jahren

Spinnennetz aus Klebe-/Klettband

DER IMPULS

Die Fachkraft spannt zwischen einem Türrahmen ein Spinnennetz aus Klebeband bzw. Malerkrepp. Mit den Spinnen (Pompons) versuchen die Kinder das Netz so zu treffen, dass die Spinnen im Netz haften bleiben.

MATERIAL

- reißfestes Klebeband/Malerkrepp und Pompons oder Klettband und Tischtennisbälle

VARIANTE

Mit Klettband ist das Spiel langlebiger. Anstelle von Malerkrepp wird Klettband (Flauschband) gespannt. Die Tischtennisbälle werden mit Klettband (Hakenband) beklebt und dienen so als „Spinnen". Wer schafft es, dass die „Spinne" im Netz kleben bleibt? **Tipp:** Steht kein freier Türrahmen zur Verfügung, kann das Netz auch in einem Hula-Hoop-Reifen gespannt werden. Der Reifen wird im Raum aufgehängt.

POMPON ANLEITUNG

- Wolle
- Pappe
- Zirkel
- Schere

Aus der Pappe zwei Ringe ausschneiden Ø Außenkreis 6 cm, Innenkreis 3 cm). Beide Pappringe übereinanderlegen und den Rand gleichmäßig mit der Wolle umwickeln, bis das Loch in der Mitte fast verschwunden ist. Mit der Schere die äußeren Fäden am Rand durchschneiden. Einen Wollfaden zwischen die beiden Pappen um die Mitte legen und mit einem Doppelknoten versehen. Anschließend den Pappring durchschneiden und herausziehen. Den Pompon mithilfe der Schere rund schneiden. Die „Spinne" ist fertig!

ab 3 Jahren

Wäsche aufhängen

DER IMPULS

Die Fachkraft bohrt oben durch die Leiste ein kleines Loch, damit die Wäscheleine hindurch gesteckt und verknotet werden kann. An den gegenüberliegenden Seiten des Tabletts werden die „Pfosten" mit Leim, Nägeln oder Schrauben befestigt. **Achtung:** Löcher für die Nägel oder Schrauben vorbohren, sonst spaltet sich die Holzleiste.

Zwischen die „Wäscheleinenpfosten" wird jetzt die Wäscheleine gespannt. Die Kinder hängen mithilfe der Wäscheklammern die „Stoffreste" auf die Leine.

MATERIAL

▸ kleine Wäscheklammern ▸ Stoffreste oder Filz ▸ Schere ▸ Wäscheleine oder als Ersatz eine Kordel ▸ Holztablett ▸ 4 kleine Holzlatten als Wäschestangen (Maße: ca. 1 cm dick und 2 cm breit, 15 cm lang) ▸ zum Befestigen entweder Holzleim, kleine Nägel oder Holzschrauben ▸ Bohrer ▸ Hammer oder Schraubendreher

TIPP

Besonders interessant wird es, wenn aus den „Stoffresten" kleine Kleidungsstücke zugeschnitten werden, die die Kinder aufhängen können.

Aus Filz lassen sich ebenfalls leicht Kleidungsstücke zuschneiden.

ab 3 Jahren

Murmelbahn aus Klopapierrollen

DER IMPULS

Die Fachkraft befestigt mit dem Klebeband die Toilettenpapierrollen an der Wand. Die Höhe, in der die Rollen befestigt werden, hängt von der Größe der Kinder ab. Die erste Rolle soll nur so hoch befestigt werden, dass die Kinder sie noch gut erreichen können. Die Rollen werden so angeordnet, dass sie einen oben eingeworfenen Ball nach unten in den dafür bereitgestellten Karton oder in eine Kiste leiten.

MATERIAL

▸ Wandfläche ▸ Schrank- oder Zimmertür ▸ Klebeband ▸ Toilettenpapierrollen ▸ Kiste oder Karton ▸ Bälle, die durch die Klopapierrollen passen

VARIANTE

Die Rollen lassen sich auch so anordnen, dass das Einwerfen der Bälle von zwei Seiten aus möglich ist.

TIPP

Verschiedenfarbige Bälle, buntes Klebeband und das flexible Gestalten der Bahn erhöht zusätzlich den Motivationsfaktor.

ab 2 Jahren

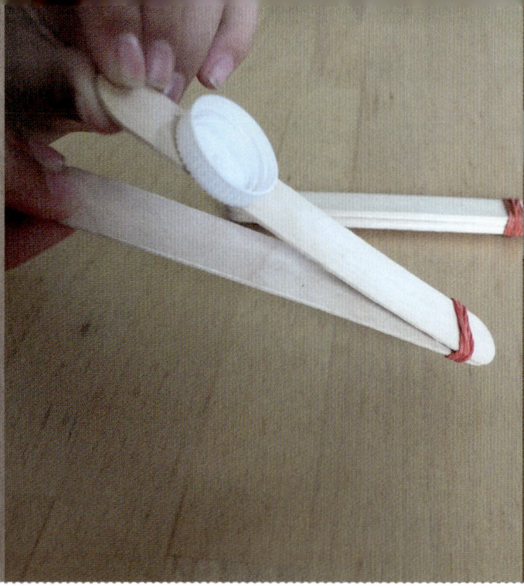

Katapult

DER IMPULS

Für ein Katapult werden 7 Holzspatel und fünf Haushaltsgummis benötigt. Die Kinder bauen das Katapult mit den Haushaltsgummis und den Holzspateln zusammen (siehe Fotos) und kleben den Deckel der Milchtüte auf den Hebelarm. Wenn alles getrocknet ist, beginnt das Spiel. Die Kinder legen die Perle in den Deckel und drücken mit dem Finger den Hebelarm herunter. Beim Loslassen wird die Perle durch die Luft geschleudert und trifft, mit etwas Übung, das anvisierte Ziel.

MATERIAL

- 7 Holzspatel oder Eisstiele
- 5 Haushaltsgummibänder
- Milchtütendeckel oder andere Flaschenverschlüsse
- Holzperlen oder Papierkugeln

TIPP

Als Ziel kann ein Karton oder eine Markierung aus Klebeband dienen. Als Alternative zu den Holzperlen können auch Papierkugeln verwendet werden.

ab 5 Jahren

Schaum schlagen

DER IMPULS

Die Spielleitung schüttet etwas Spülmittel in das warme Wasser. Die Kinder versuchen mit dem Schneebesen das Wasser so lange aufzuschlagen, bis jede Menge Schaum entsteht. Dieses Spiel lädt an warmen Sommertagen zum Experimentieren ein.

MATERIAL

- 1 große Schüssel oder Wäschewanne mit warmem Wasser
- Spülmittel
- Schneebesen
- evtl. Lebensmittelfarbe

TIPP

Mit etwas Lebensmittelfarbe lässt sich das Wasser färben und bunter Schaum entsteht.

ab 4 Jahren

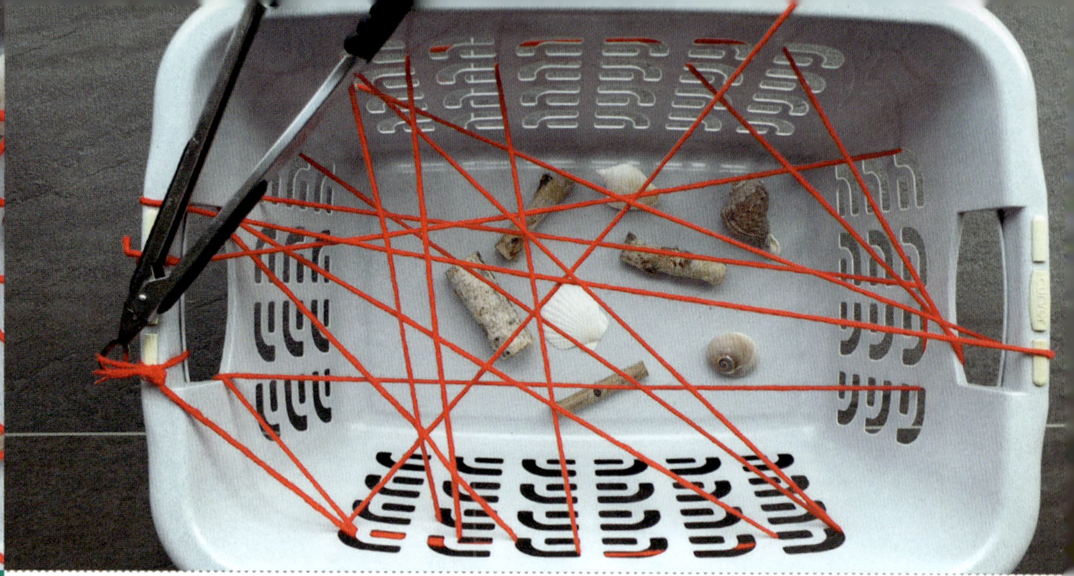

Wäschekorb-spinnetz

DER IMPULS

Die Kinder ziehen den Wollfaden durch die Löcher des Wäschekorbs, bis ein „Spinnennetz“ entsteht. Unten im Korb liegen die gewählten Gegenstände, die mit der Hand zwischen den Fäden des Spinnennetzes herausgeholt werden müssen. Schwieriger wird es für die Kinder, wenn sie die Gegenstände herausholen sollen, ohne das Netz zu berühren.

MATERIAL

▸ Wäschekorb mit gestanzten Löchern ▸ Wollfaden ▸ Spinne aus einem Pompon (siehe S. 35) ▸ Wollknäuel ▸ verschiedene Gegenstände (Bürsten, Bauklötze, Bälle etc.)

HINWEIS

Die Zangen (siehe S. 89) können zum Einsatz kommen, um die Gegenstände unter dem Spinnennetz herauszuholen. Auch die „Spinnenpompons“ (siehe S. 35) eignen sich dazu, ins Netz gesetzt zu werden. Je enger das Netz gesponnen wurde, desto schwieriger wird es, die Gegenstände oder Spinnen aus dem Netz zu holen.

VARIANTE

„Profis“ können hier auch mit einer selbst kreierten Angel und Magneten arbeiten.

ab 2 Jahren

Kreide zerreiben

DER IMPULS

Die Kinder zerstoßen und zerreiben mit den Steinen die Kreide auf der Unterlage. Es entsteht farbiger Kreidestaub, der in den Schüsseln gesammelt wird.

MATERIAL

▸ Kreide ▸ faustgroße Steine ▸ 1 Bodenfliese oder andere stoßfeste Unterlage ▸ verschiedene kleine Schüsseln oder Sandförmchen ▸ evtl. Wasser, Löffel und Pinsel

HINWEIS

Wird zu dem Kreidestaub etwas Wasser gegeben, lässt sich damit auf Pflastersteinen malen. Die Kreide kann vorher selbst hergestellt werden.

REZEPT FARBIGE KREIDE

▸ 200 g Gips ▸ 200 ml Wasser ▸ 200 ml Fingerfarbe

Alle Zutaten mischen und den Brei in eine unten mit Alufolie verschlossene Klopapierrolle füllen. Die Kreide ca. drei Tage trocknen lassen und dann die Klopapierrolle entfernen.

TIPP

Auch zu Klumpen getrocknete verschiedene Erden können mit den Steinen zerrieben werden. Verschiedenfarbiger Ton oder Lehm ist dazu besonders gut geeignet. Mit Wasser angerührt lässt sich auch mit diesen Erden malen.

ab 3 Jahren

Baumscheiben

DER IMPULS

Baumscheiben in verschiedenen Durchmessern und Dicken lassen sich zu einem Parcours zusammenstellen, ob für Slalomdurchgänge oder als Balancierparcours. Hier können sich die Kinder ihren eigenen Schwierigkeitsgrad wählen, selbst aufbauen und dabei ihre Grenzen austesten.

MATERIAL

- Baumscheiben in verschiedenen Durchmessern und Dicken oder Stammabschnitte in unterschiedlichen Längen

VARIANTE

Die Stammabschnitte eignen sich auch gut als Sitzgelegenheit oder als Tisch zum Sandkuchenbacken. Auf beiden Materialien lässt sich auch die Kreide zerreiben (siehe S. 41). Hier sind der Fantasie der Kinder kaum Grenzen gesetzt.

ab 3 Jahren

Murmelbahn im Innenbereich, Wasserbahn im Außenbereich

DER IMPULS

Die Fachkraft und die Kinder befestigen zusammen die Schläuche mithilfe der Kabelbinder am Grundgestell. Oben am Schlauch wird als Einfüllhilfe ein Trichter oder eine Kunststofflasche, deren Boden herausgeschnitten wurde, mit Klebeband angebracht. Die Kinder lassen nun Murmeln (Innenbereich) oder Wasser (Außenbereich) durch die Schläuche laufen.

MATERIAL

▸ Grundgestell, an dem die Bahn befestigt wird (z. B. Lochplatte, Leiter, Zaun, Rankhilfe etc. ▸ durchsichtige Schläuche (Ø ca. 2 cm) ▸ Kabelbinder ▸ Klebeband ▸ Trichter oder Plastikflaschen ▸ Schere

TIPP

Gerne nutzen die Kinder auch zwei verschiedene Möglichkeiten, von oben Wasser oder Murmeln einzufüllen. Dazu sollten dann zwei Schläuche parallel angebracht werden.

ab 3 Jahren

Gummitwist & Co.

DER IMPULS

Im Außenbereich eignen sich „alte" – ein bisschen in Vergessenheit geratene – Spielmaterialien für die Impulssetzung. Die Fachkraft verknotet das Hosengummi an den Enden und stellt es den Kindern zum Spielen zur Verfügung.

Zwei Kinder spannen das Gummi, das dritte Kind versucht, auf das Gummi zu springen oder das Band beim Springen mit den Füßen mitzunehmen und die Gummis so zu überkreuzen, etc. Den Kindern werden bestimmt viele Sprungmuster einfallen.

„Alte Kinderspiele" wie Hüpfkästchen, Fadenspiele, Seilspringen oder Murmel- und Kreiselspiele lassen sich gut im Außenbereich einsetzen. Das Seilspringen lässt sich zusätzlich mit Liedern und Reimen begleiten, was den Hüpfrhythmus der Kinder unterstützt und ihnen gleichzeitig Orientierung gibt.

ab 5 Jahren

TEDDYBÄR

Teddybär, Teddybär spring hinein.
Teddybär, Teddybär heb ein Bein.
Teddybär, Teddybär dreh dich um.
Teddybär, Teddybär mach dich krumm.
Teddybär, Teddybär wie alt bist du?
eins, zwei, drei, ... (bis Alter des Kindes)
Teddybär, Teddybär bau ein Haus.
Teddybär, Teddybär spring hinaus.

Die Kinder machen wie im Text beschrieben die Bewegungen beim Springen nach.

HENRIETTE

Henriette, goldene Kette,
goldener Schuh,
wie alt bist du?

(Alter des Kindes/so oft über das Seil springen)

SALAT

Salat, Salat, die ganze Woche Salat:
Montag, Dienstag, Mittwoch, Donnerstag, Freitag, Samstag, Sonntag
(jeden Wochentag über das Seil springen)
Salat, Salat, die ganze Woche lang!

HINWEIS

Im Internet lassen sich noch viele weitere Beispiele für Lieder und Reime passend zum Seil springen finden.

Bewegungsfreundliche Umgebung

DER IMPULS

Kinder brauchen eine bewegungsfreundliche Umgebung, viel Platz, einen kindgerechten Außenbereich und entsprechendes Material. Schon kleine Anregungen können bei Kindern Bewegungsanreize setzen, z. B. lassen sich mit buntem Klebeband verschiedene Linien auf den Boden kleben. Egal, ob gerade, in Kurven- oder Zick-Zack-Form aufgebracht, denn die Kinder laufen meist automatisch die Linien entlang und erproben ihre Geschicklichkeit. Ein langer Flur bietet sich für diese Aktivität an, aber auch der gepflasterte Außenbereich lässt sich mit ein paar Kreidelinien für Linienläufe nutzen.

MATERIAL

- buntes Klebeband
- Kreide

VARIANTE

Auch kleine Spiele wie Hüpfkästchen, ein Labyrinth oder Tic-Tac-Toe lassen sich mit Klebeband auf den Boden aufbringen. Zum Beispiel bieten sich Pappteller als Markierungen für ein Tic-Tac-Toe-Spiel an, die mit einem X und O versehen werden und dann als Markierung in den Kästchen des Spiels liegen.

Ebenfalls können Treppenstufen mit Klebeband nummeriert werden (Punkte, Zahlen), wobei die Kinder automatisch beim Treppensteigen spielerisch den Umgang mit Zahlen lernen.

ab 3 Jahren

Spinnennetze bauen

DER IMPULS

Die Kinder und die Fachkraft spannen gemeinsam zwischen zwei Bäumen mit einem Wollknäuel ein Spinnennetz. Die Kinder können die zuvor gesammelten Naturmaterialien (Stöckchen, Blätter, etc.) im Netz befestigen. Weiter kann auch ein Pompon als Spinne (S. 35) in das Netz gesetzt werden.

MATERIAL

- Bäume
- Wollknäuel
- unterschiedliche Naturmaterialien
- Pompon

HINWEIS

Das Knüpfen von Spinnennetzen unterstützt ebenfalls die Feinmotorik der Kinder; diese Netze sind auch zum Aufbewahren von Fundsachen geeignet (siehe Foto).

ab 4 Jahren

Nüsse knacken

DER IMPULS

Die Kinder legen die Nüsse auf die Baumscheibe und versuchen, sie mithilfe des Steins zu knacken. Besonders gut eignen sich Walnüsse. Damit sie nicht wegrollen, kann die Nuss in einen Gardinenring platziert werden. Die geknackten Nüsse lassen sich in die bereitgestellten Schälchen sortieren (Schale, Kern).

MATERIAL

- Unterlage zum Nüsse knacken (Baumscheibe o. Ä.)
- Gardinenring
- faustgroßer Stein
- Schälchen
- Walnüsse, evtl. Haselnüsse

TIPPS

Im Handel werden viele verschiedene Arten von Nussknackern angeboten. Den Kindern macht es Spaß, deren Funktionsweise zu testen und die unterschiedlichen Modelle zu untersuchen.

Aus den Nüssen lässt sich anschließend ein Kuchen backen oder sie werden einfach sofort „weggeknabbert“.

ab 4 Jahren

Bälle Labyrinth

DER IMPULS

Die Fachkraft und die Kinder befestigen in einem Karton mit Klebeband die Toilettenpapierrollen. Es dürfen nur so viele Pappteile befestigt werden, dass der Ball noch gut zwischen die einzelnen Toilettenpapierrollen passt. Die Kinder legen den Ball in den Karton. Durch vorsichtiges Hin- und Herbewegen versuchen die Kinder, den Ball durch die Rollen zu lenken. Ein Geschicklichkeitsspiel, das Fingerspitzengefühl verlangt und sehr viel Spaß macht.

MATERIAL

▸ Pappschachtel ▸ Toilettenpapierrollen ▸ Klebeband und 1 kleiner Ball, der durch die Öffnung der Papprolle passt

ab 3 Jahren

IMPULSE IN DER PRAXIS

KREATIVITÄT: RAN ANS FREIE GESTALTEN!

Kindern macht es Spaß, gestalterisch kreativ zu sein, etwas Neues zu schaffen, Altes zu verändern und ihre „Umwelt“ dadurch zu beeinflussen. Sie entwickeln dabei erstaunlich kreative Ideen, die sie gezielt umsetzen. Dafür ist Konzentration, Feinmotorik, Umgang mit Werkzeugen, ein Gefühl für Ästhetik und ein gutes Vorstellungsvermögen erforderlich. Gleichzeitig werden dabei auch noch Materialerfahrungen gemacht.
Dazu eignet sich ein abgeschlossener Raum oder eine begrenzte Raumecke. Hier können die Kinder in Ruhe – mit dem zur Verfügung gestellten Material – ihre eigenen Ideen umsetzen.

Märchenwolle

DER IMPULS

Die Fachkraft stellt den Kindern die Märchenwolle zur Verfügung. Auf den Teppichfliesen haftet die Wolle sehr gut und wird nicht durch einen Luftzug davon geweht. Die Kinder gestalten auf der Fliese individuell mit der Märchenwolle. So entstehen gegenständliche Bilder, aber auch geometrische Figuren oder Muster. Wird Wolle zwischen den Handflächen gerollt, entstehen Wollstränge, die ebenfalls zum Gestalten auf den Fliesen genutzt werden können.

MATERIAL

- Märchenwolle in verschiedenen Farben (Wolle zum Filzen)
- Teppichfliesen (auf Nadelfilz hält die Wolle besonders gut)
- evtl. noch Chenilledraht/Pfeifenputzer/Biegeplüsch, verschiedenfarbige Wollfäden oder Perlenketten

TIPP

Nicht nur Märchenwolle haftet gut auf den Fliesen, sondern auch Wollfäden oder Chenilledraht/Pfeifenputzer/Biegeplüsch, die ebenfalls wie auch Perlenketten zum Gestalten verwendet werden.

Teppichfliesen sind vielseitig verwendbar und werden gerne von Kindern zum Rollenspiel genutzt. Diese stellen dann z. B. Wiesen und Felder dar, auf denen Kühe grasen oder Traktoren fahren.

Auch beim Bewegungsspiel eignen sie sich als „Weg“ oder zum Hüpfen von Fliese zu Fliese (siehe S. 113).

ab 3 Jahren

Tisch als Tafel

DER IMPULS

Je nach Beschaffenheit des Tisches sollte die Fachkraft diesen mit dem Schleifpapier anrauen und danach mit der Lackrolle den Tafellack streichen. (Gebrauchsanweisung beachten!) Nach dem Trocknen ist der „Maltisch" bereit für den Einsatz. Die Kinder können mit Kreide direkt auf den Tisch malen und sie mit einem feuchten Tuch auch wieder entfernen. Ein anderer Blickwinkel beim Malen entsteht, wenn auch die Unterseite des Tisches mit Tafelfarbe lackiert wird. Unter dem Tisch kann über Kopf gemalt werden. Wirklich eine ganz andere „Malerfahrung".

MATERIAL

- alter Tisch
- Tafellack
- Lackrolle
- Kreide
- feuchtes Tuch
- evtl. Schleifpapier

TIPP

Werden die Beine des Tisches gekürzt, entsteht ein Tisch, vor dem die Kinder kniend oder auch sitzend malen können. Stühle werden hier überflüssig.

ab 2 Jahren

DER IMPULS

Die Fachkraft füllt die Perlen in die Schälchen und legt die Pfeifenreiniger daneben. Die Kinder fädeln die Perlen auf die Pfeifenreiniger. Der Vorteil gegenüber Fäden ist, dass die Pfeifenreiniger die Perlen festhalten und die Perlen nicht so leicht herunterfallen können. Auch lassen sich die Perlen hin und her schieben. So entstehen schöne bunte Perlenstränge, die z. B. als Armbänder genutzt werden können.

MATERIAL

▸ Pfeifenreiniger/Biegeplüsch/Chenilledraht ▸ bunte Perlen aus Holz oder Plastik (beim Kauf darauf achten, dass die Perlen so groß sind, dass sie gut auf die Pfeifenputzer geschoben werden können) ▸ kleine Schälchen

HINWEIS

Es lassen sich „Fädelmusterkarten" anfertigen, nach denen die Kinder die Perlen auf die Pfeifenputzer stecken. Auch Knöpfe lassen sich gut auffädeln.

ab 4 Jahren

Auffädeln

Malen in Sand

DER IMPULS

Die Fachkraft schüttet eine dünne Schicht Sand auf das Tablett. Die Kinder malen mit den Fingern Figuren und Muster in den Sand. Es können auch kleine Stöckchen oder Löffel zum Malen verwendet werden.

MATERIAL

▸ Tablett mit erhöhtem Rand ▸ feiner Sand (Vogel- oder Quarzsand) ▸ evtl. Löffel bzw. kleine Stöckchen

HINWEIS

Im Vogelsand befinden sich oft kleine Steinchen. Diese sollten von den Kindern mit einem kleinen Sieb herausgesiebt werden. Somit bereiten die Kinder den Sand für die Malaktion selbst vor. Auch Stöcke und Löffel können zum Malen im Sand verwendet werden. Oder – wie auf dem Bild – eine besondere „Malaktion" mit Pendel.

ab 3 Jahren

Gummi über Nägel spannen

DER IMPULS

Die Kinder (je nach Entwicklungsstand) oder die Fachkraft bereiten das Brett vor, indem sie in das Holz kleine Nägel einschlagen, die 1 cm aus dem Holz herausragen sollen. Weiter ist darauf zu achten, dass die Nägel in verschiedenen Abständen eingeschlagen werden, damit die Gummis in verschiedenen Längen über die Nägel gespannt werden können. So entstehen je nach Gummibandfarbe verschiedene Muster, geometrische Formen oder Figuren – je nach Kreativität des Kindes.

MATERIAL

▸ 1 Brett (quadratisch, rechteckig oder rund, ca. 1 cm dick ▸ bunte Haushaltsgummis ▸ Nägel ▸ Hammer

TIPP

Das Brett kann zusätzlich farbig lackiert werden. Weiterhin lassen sich durch das gezielte Einschlagen von Nägeln bestimmte Muster oder geometrische Formen vorgeben.

VARIANTE

Auch ein Murmellabyrinth ist möglich. Dazu werden die Nägel so angeordnet, dass ein Labyrinth wie bei den Bausteinen auf S. 117 entsteht. Die Kinder leiten bei dieser Spielvariante eine Murmel durch Bewegen des Brettes zwischen den Nägeln hindurch.

ab 4 Jahren

Steckspiel

DER IMPULS

Die Fachkraft und die Kinder stellen den Salzteig her und bringen ihn in eine rechteckige Form (ca. 15 x 15 cm und ca. 1 cm dick). Die Zahnstocher stecken sie beliebig in den Teig und lassen dann das Ganze trocknen. Es sollte darauf geachtet werden, dass der Abstand der Zahnstocher nicht zu eng ist, damit am Ende der Trocknungszeit noch Platz für aufgesteckte Perlen vorhanden ist. Die Kinder können so unterschiedliche Muster kreieren.

MATERIAL

▸ Salzteig ▸ Zahnstocher ▸ Perlen in verschiedenen Formen und Farben

VARIANTE

Schön wirkt es, wenn dem Salzteig bestimmte Formen wie Kreise oder Dreiecke gegeben werden. Auch gegenständliche Formen, z. B. Vase, Korb, Auto oder Tiermotive wie Igel, Vogel, Schnecke lassen sich so aus dem Salzteig herstellen und anschließen mit Perlenmustern verzieren.

Zutaten Salzteig
▸ 150 g Salz ▸ 300 g Mehl ▸ 200 ml Wasser

Verarbeitungshinweis: Sollte der Teig nach der Herstellung noch zu trocken sein, wird etwas Wasser dazugegeben; ist er zu klebrig, wird noch Mehl untergemischt. Der Salzteig kann auch noch mit Lebensmittelfarbe eingefärbt werden. **Achtung:** Der Teig muss gut durchtrocknen, damit er nicht schimmelt. **Sicherheitshinweis:** Bitte die Zahnstocher vorher so zurechtschneiden, dass die Enden abgestumpft sind, um Verletzungen zu vermeiden.

ab 3 Jahren

Fädelspiel

DER IMPULS

Die Trinkhalme werden in 2–3 cm lange Stücke geschnitten. Von der Wolle einen 30–40 cm langen Faden abschneiden und an dessen Ende ein Trinkhalmstück binden. An das andere Ende des Fadens wird die Stopfnadel geknotet. Die Kinder fädeln die Trinkhalmstücke in beliebiger Reihenfolge auf, sodass eine Kette, Kettenschnüre oder mit kürzeren Wollstücken ein Armband entsteht.

MATERIAL

- 1 Stopfnadel (Nadel ohne Spitze)
- Wolle
- bunte Trinkhalme
- Schere

HINWEIS

Die bunten Trinkhalmstücke lassen sich für Schüttübungen verwenden. Sie lassen sich ebenfalls der Länge nach sortieren oder zu Mustern zusammenlegen.

ab 4 Jahren

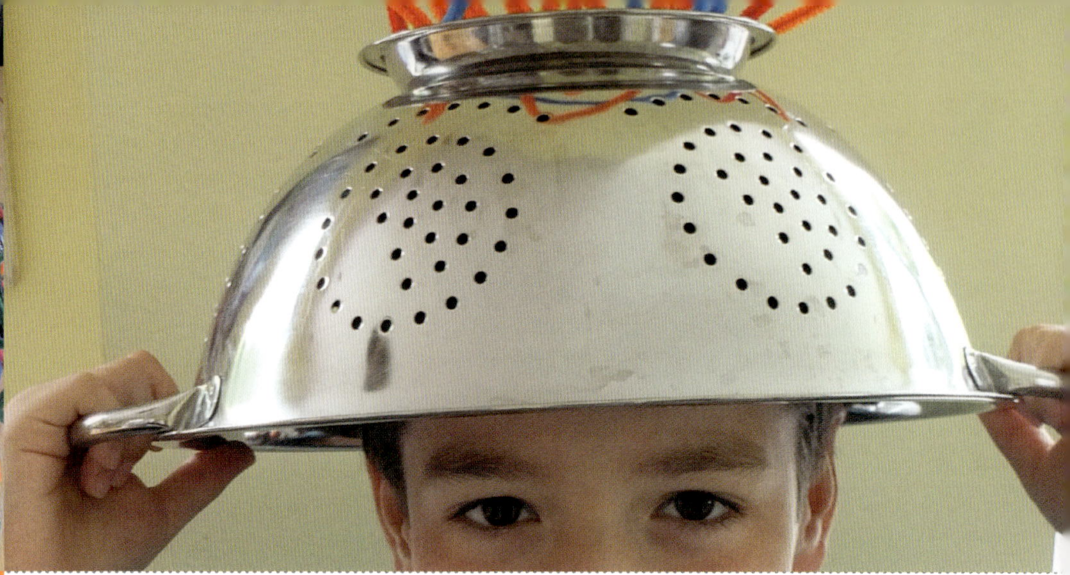

Nudelsieb als „Steckmasse"

DER IMPULS

Die Kinder stecken die Pfeifenreiniger in die Löcher des Nudelsiebes. Hierbei entsteht ein lustig aussehendes Gebilde, das an einen ungewöhnlichen „Hut" erinnert. Die Kinder haben Spaß dabei, sich bunte „Hutkreationen" auszudenken und auf den Kopf zu setzen.

Sicherheitshinweis: Die Pfeifenreiniger im inneren des Nudelsiebes sollten umgeknickt werden, damit sie nicht die Kopfhaut berühren.

MATERIAL

- Nudelsieb
- Pfeifenreiniger
- Biegeplüsch
- Chenilledraht
- evtl. Trinkhalme

VARIANTE

Anstelle von Pfeifenreiniger können auch passende Trinkhalme verwendet werden. Auf die Pfeifenreiniger lassen sich noch Knöpfe oder Perlen stecken, so wird der „Hut" im Handumdrehen noch schöner.

ab 2 Jahren

Spatel als Konstruktionsmaterial

DER IMPULS

Die Kinder und die ErzieherInnen fixieren die Klettpunkte an den Enden der Holzspatel. So lassen sich die Spatel als Konstruktionsmaterial verwenden. Der Klett hält die einzelnen Spatel zusammen, sodass sie nicht mehr verrutschen können. So bietet dieses Spielmaterial den Kindern viel Raum, ihre Kreativität auszuleben, ohne dass ihr Werk schnell in sich zusammenfällt.

MATERIAL

- Holzspatel in verschiedenen Farben
- selbstklebende Klettverschlusspunkte
- Flüssigklebstoff

HINWEIS

Je nach Qualität der Klettpunkte müssen sie evtl. mit Flüssigkleber fixiert werden, um ein schnelles Ablösen zu vermeiden. Es können auch einfache Naturholzspatel ohne Färbung verwendet werden. Selbst dreidimensionale Objekte lassen sich mit den Spateln erstellen, wenn Vorder- und Rückseite ebenfalls mit den Klettpunkten beklebt werden.

ab 3 Jahren

Wäscheklammern

DER IMPULS

Die Kinder stecken die Wäscheklammern beliebig zusammen. Drei- oder zweidimensionale Gebilde entstehen. Interessante Figuren und Gegenstände lassen sich herstellen, wenn den Kindern Formen aus Tonkarton zu den Wäscheklammern angeboten werden. Hier kreieren die Kinder durch das Anheften von Wäscheklammern Igel, Kakteen, Sonnen etc.

MATERIAL

▸ verschiedenfarbige Wäscheklammern ▸ Tonkarton in verschiedenen Farben ▸ Schere

HINWEIS

Wäscheklammern in verschiedenen Farben, Formen und aus unterschiedlichen Materialien erweitern das Repertoire. Darüber hinaus können die Kinder mit Scheren und Tonkarton selbst Figuren erfinden, die sie dann an die Wäscheklammern heften.

ab 3 Jahren

DER IMPULS

Die Fachkraft stellt den Kindern die Magnete und gegebenenfalls andere Materialien zur Verfügung. Die unterschiedlichen Stärken, Formen und Farben der Magnete regen die Kinder zum Untersuchen, Experimentieren und Ausprobieren an. Zwei – und dreidimensionale, selbst gegenständliche oder figürliche Gebilde lassen sich ebenso konstruieren.

MATERIAL

▸ Magnete in unterschiedlichen Farben, Formen und Stärken ▸ verschiedene Dosen aus Metall (ohne scharfe Kanten!) ▸ evtl. Holzplatte mit aufgeklebter Metallplatte

VARIANTEN

Um den Spielimpuls zu erweitern, wird den Kindern eine Holzplatte mit aufgeklebter Metallplatte (Baumarkt) bereitgestellt. Die Platte eignet sich als Konstruktionsfläche, um verschiedene Gebilde und Formen mit den Magneten und Dosen zu gestalten (siehe Foto).

Verschiedene nicht magnetische und magnetische Materialien können den Kindern ebenfalls zum Experimentieren gegeben werden, um der Frage auf den Grund zu gehen: Was ist magnetisch und was nicht? Ebenfalls lässt sich der Impuls mit anderen Materialien/Impulsen kombinieren, wie z. B. mit den Schlüsseln (siehe S. 92) oder mit den Karabinerhaken und Ketten (S. 62).

ab 3 Jahren

Magnete

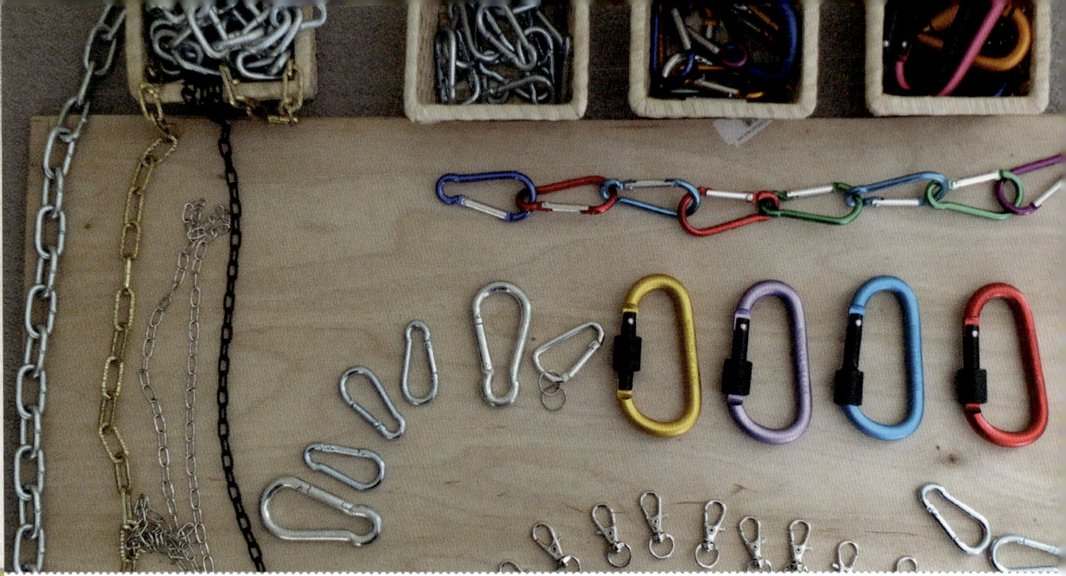

Karabinerhaken

DER IMPULS

Karabinerhaken bieten viele Möglichkeiten, das Spiel der Kinder anzuregen. Die verschiedenen Verschlüsse erfordern unterschiedliche feinmotorische Fähigkeiten, diese zu öffnen und wieder zu schließen. Die Kinder verbinden die Karabinerhaken zu langen Ketten oder Gebilden. Farben und Formen der Haken bieten zusätzliche Anreize und Spielmöglichkeiten. So können die Karabinerhaken durch Kartons gesteckt und mit Seilen zu einem Aufzug oder einem „Hinterherziehkarton" umfunktioniert werden. Auch lassen sich die Karabiner gut an den Gürtelschlaufen von Hosen befestigen, so dass z. B. Schlüssel sicher transportiert werden können (siehe S. 92).

MATERIAL

- Karabinerhaken in unterschiedlichen Formen, Farben, Größen und mit unterschiedlichen Schließmechanismen (Verschluss zum Schrauben, zum Eindrücken, mit Haken, evtl. in Kombination mit Ketten, Schlüsseln und Magneten – siehe Hinweis)

HINWEIS

Dieser Impuls mit Karabinerhaken lässt sich beliebig erweitern und an die Interessen der Kinder anpassen.

ab 3 Jahren

„Baumaterial"

DER IMPULS

Die angegebenen Materialien eignen sich besonders gut zum Konstruieren.

- Die Kinder legen die Spatel über die Becher, so entsteht die Grundlage für einen Turm.
- Vielzweckklammern und Spatel lassen sich zu einer Brücke verbinden.
- Die Wäscheklammern und die Spatel lassen sich ebenfalls zum Bauen eines Turms und anderer dreidimensionaler Gebilde nutzen.
- Schnell entwickeln die Kinder eigene Ideen und prüfen z. B., wie viele Bücher die selbst konstruierte Brücke trägt oder wie hoch der Turm gebaut werden kann. Alltagsmaterial, das die Fantasie anregt, wird ausgiebig von den Kindern genutzt.

MATERIAL

▸ Holzspatel ▸ Einwegbecher (Kunststoff oder Pappe) ▸ Wäscheklammern ▸ Vielzweckklammern

TIPP

Urlaubserlebnisse der Kinder, die mit berühmten Bauwerken verbunden werden – wie z. B. Eiffelturm, Brandenburger Tor, der schiefe Turm von Pisa, Leuchttürme – motivieren Kinder aus sich heraus, selbst zu BaumeisterInnen zu werden und die berühmten Vorbilder nachzubauen.

ab 3 Jahren

Steckspiel aus Pappe

DER IMPULS

Die Kartons werden zu Rechtecken mit den Maßen 5 x 9 cm zugeschnitten. An den Längsseiten mit der Schere zwei Schlitze in den Karton schneiden, an den kurzen Seiten nur einen Schlitz einschneiden, jeweils ca. 1 cm tief.

Die Schlitze von unterschiedlichen Rechtecken können ineinander gesteckt werden. Es entstehen dadurch dreidimensionale Gebilde, die von den Kindern zusätzlich farbig beklebt oder angemalt werden können.

MATERIAL

- alte Kartons
- Tonpapier oder Fingerfarbe
- Schere
- Klebestift

HINWEIS

Die Rechteckmaße sind nur Richtwerte. Die Größe kann jederzeit den Anforderungen angepasst werden.

ab 4 Jahren

Parkettboden

DER IMPULS

Dieser Parkettboden ist auf Netze aufgeklebt und wird oft von Fußbodenfachhändlern oder Schreinern als Restbestand günstig abgegeben. Diese Netze werden entfernt, sodass sich die einzelnen Holzstäbchen herauslösen lassen.

Das Material lädt dazu ein, es mit anderen Materialien zu kombinieren. Gut geeignet sind zum Beispiel Pappröhren aller Art.

Sicherheitshinweis: Einzelne Stäbchen müssen ggf. mit Schleifpapier bearbeitet werden, damit sich die Kinder nicht an den Holzsplittern verletzen.

MATERIAL

- Reste von Parkettboden (Riemchenparkett)
- evtl. Schleifpapier

ab 3 Jahren

Feuerwerk-Malerei

DER IMPULS

Die Toilettenpapierrollen werden von einer Seite im Abstand von ca. 0,5 cm rundherum bis zur Rollenmitte eingeschnitten und anschließend nach außen umgeknickt, so dass eine Art Pinsel entsteht. Die Fingerfarbe wird auf die Einwegpappteller gegeben und der „Pinsel“ darin eingetaucht. Durch das Drehen des „Pinsels“ auf dem Malpapier entstehen Kreise, die an eine explodierende Feuerwerksrakete erinnern. Besonders nahe an die Feuerwerksoptik heran kommen die Bilder, bei denen mit verschiedenen Farben gearbeitet wird.

MATERIAL

- Toilettenpapierrollen
- Malpapier
- Fingerfarbe
- Einwegpappteller
- Schere

ab 3 Jahren

Sprühbilder

DER IMPULS

Die Schüssel wird mit der verdünnten Farbe gefüllt und das Malpapier im Außenbereich aufgehängt. Die Kinder füllen die Sprühflasche, die Wasserspritze oder die Spritze mit der verdünnten Fingerfarbe. Jetzt spritzen oder sprühen sie die Farbe auf das Papier. Je nachdem, welches Werkzeug (Sprühflasche, Spritze, Wasserspritze) und welcher Farbton für die Aktion verwendet werden, entstehen unterschiedliche Muster und Strukturen.

MATERIAL

- Spritze, Wasserspritze oder Sprühflasche
- Malpapier
- mit Wasser verdünnte Fingerfarbe
- Schüssel

HINWEIS

Die Fingerfarbe mit dem Wasser so weit verdünnen, dass sie sich gut sprühen lässt.

Achtung: Für diese Aktion muss ein Ort im Außenbereich gewählt werden, an dem mit Wasser und Farbe gespritzt werden kann.

ab 4 Jahren

Pinselabstreifbild

DER IMPULS

Pinsel auszuwaschen macht Kindern Spaß. Noch besser wird es, wenn neben dem Waschbecken eine Leinwand hängt, denn bevor die Kinder ihre Pinsel waschen, streifen sie die überschüssige Farbe an der Leinwand aus. So entsteht Tag für Tag und Schicht für Schicht ein wunderbares „Pinselabstreifbild“, das jedem Gemälde der „Modernen Kunst“ Konkurrenz macht.

MATERIAL

- Leinwand
- Pinsel mit Farbe

TIPP

Wie wäre es, diese Bilder am Ende des Jahres meistbietend an „KunstliebhaberInnen“ zu verkaufen?

ab 2 Jahren

Stempeln mit Wasserbomben

DER IMPULS

Die Fachkraft und/oder die Kinder füllen die Wasserbombe mit Wasser und geben etwas Fingerfarbe in den Suppenteller. Die Kinder tauchen nun die Wasserbomben in Fingerfarbe und los geht das Stempeln auf Malpapier. Die Größe der Stempelabdrücke ist abhängig von der Füllmenge der Wasserbomben und so entstehen unterschiedlich große Abdrücke.

MATERIAL

- Wasserbomben
- Wasser
- (Einweg-)Suppenteller aus Kunststoff
- Fingerfarbe
- Malpapier

TIPP

Es lohnt sich, unterschiedliche Farben zu nutzen, um möglichst bunte Stempelkreise entstehen zu lassen.

ab 2 Jahren

„Stifte-Zweitverwertung"

DER IMPULS

Wenn Buntstifte zu kurz werden und man mit ihnen nicht mehr malen kann, können sie trotzdem noch kreativ verwendet werden. Die Kinder bekommen eine Leinwand zur Verfügung gestellt und können die Stifte nach Herzenslust, dicht an dicht, auf die Leinwand kleben. Ein neues, dekoratives Kunstwerk entsteht.

MATERIAL

- Buntstifte
- Klebstoff
- Leinwand

VARIANTEN

Auch als Material für Kreisel lassen sich diese kurzen Stifte noch verwenden. Aus fester Pappe (z. B. Versandkarton) einen Kreis ausschneiden. Anschließend wird der Buntstift durch die Mitte des Kreises gesteckt, so dass der Kreisel sich auf der Spitze des Buntstiftes drehen kann. Moosgummi, über den Stift gestülpt, hält den Stift besser fest und verleiht ihm somit zusätzliche Stabilität.

Dieser Kreisel kann nun von den Kindern beliebig verziert werden. Kreisel in unterschiedlichen Formen und Größen sind als Spielmaterial sehr beliebt.

Ein Filzstift in der Kreiselmitte lässt beim Drehen kreative Kritzeleien entstehen. Sogar ausrangierte CDs lassen sich mit einem dickeren Stift in der Mitte zu Kreiseln umfunktionieren.

ab 4 Jahren

IMPULSE IN DER PRAXIS

SINNESWAHRNEHMUNG

Fühlen (taktil), Riechen (olfaktorisch), Schmecken (gustatorisch), Sehen (auditiv), Bewegungsempfinden (kinästhetisch), Gleichgewicht (vestibulär) – mit allen den Sinnen erleben und begreifen Kinder die Welt und tun das mit großer Freude.

Durch viele anregende Übungsmöglichkeiten und Impulse trainieren Kinder ihre Sinne und entwickeln sie so stetig weiter. Kinder benötigen dazu Zeit und vielfältige Möglichkeiten, ihre Umgebung sinnlich wahrzunehmen, wozu die unterschiedlichsten Dinge aus dem Alltag die besten Voraussetzungen dazu bieten.

Frei nach Carl Hauptmann: *„Es ist nichts im Intellekt, was nicht in den Sinnen war.“*

Wannentisch und Aktionswannen

DER IMPULS

Einen Wannentisch kann man teuer kaufen, aber genauso gut preiswert selbst herstellen. In einen alten Tisch wird eine Aussparung in der Größe der Wanne gesägt, dass der Wannenrand noch auf der Tischplatte aufliegt, der beim Einsetzen evtl. mit Silikon versiegelt wird.

Sicherheitshinweis: Der Umgang mit der elektrischen Stichsäge verlangt auch von Erwachsenen etwas Übung.

Diese Aktionswanne oder dieser Wannentisch ist vielseitig verwendbar und lässt sich mit den unterschiedlichsten Materialien füllen: Wasser, Sand, Lehm, Konfetti, Schleim, Stroh, Rettungsfolie etc.

- Aus dem Sand können z. B. mit Teesieben Glasnuggets gesiebt werden,
- Wasser lädt mit Löffeln, Pipetten, Trichtern, Förmchen, Eimern etc. zum Spielen ein,
- aus Lehm und etwas Wasser lässt sich eine „lehmige Wannenlandschaft“ kreieren und
- der Schleim bietet wunderbare Wahrnehmungserfahrung, wenn er durch die Hände rinnt.

MATERIAL

▸ alter Tisch ▸ stabile Kunststoffwanne mit breitem Rand
▸ elektrische Stichsäge ▸ evtl. Silikon

HINWEIS

Viele Gegenstände aus der Materialsammlung (S. 134) eignen sich zum Erproben von Sinneserfahrungen. Der Impuls lässt sich erweitern, indem die Kinder größere Wannen nutzen, in die sie sich setzen. So können sie sich in knisternde Rettungsfolie legen und Heu, Verpackungschips oder Bälle auf ihrer Haut spüren.

ab 2 Jahren

DER IMPULS

Ein Tablett lässt sich ebenfalls selbst herstellen, indem um ein Holzbrett oder eine Sperrholzplatte (ca. 40 x 30 cm) entsprechend zugeschnittene Leisten befestigt werden. Diese Randleisten können zusätzlich mit Silikon abgedichtet werden.

Das Tablett bietet den Kindern einen begrenzten Raum, um Erfahrungen zu bestimmten Themen zu sammeln. Zum Beispiel zum Thema Sinne, Feinmotorik, Kognition etc. Hierzu wird den Kindern unterschiedliches Material zur Verfügung gestellt. Beispiele für die Verwendung solcher Tabletts sind in diesem und den anderen Kapiteln dieses Buches zu finden (z. B. auf den Seiten 33, 36, 54, 74, 80, 81, 82, 84, 87, 93, 96, 103, 131).

MATERIAL

▸ Tablett mit erhöhtem Rand oder Holzbrett (alternativ: wasserfestes dickes Sperrholz) ▸ Holzleisten ▸ Holzleim ▸ Handsäge ▸ Silikon

HINWEIS

Natürlich sind der eigenen Kreativität zum Thema „Aktionstabletts und Wannen" keine Grenzen gesetzt. Weitere Anregungen lassen sich in Fachzeitschriften und Büchern finden. Verschiedene Materialvorschläge sind unter anderem in einer Übersicht am Ende des Buches (S. 134) zu finden.

ab 3 Jahren

Wolle knotenfrei abwickeln

DER IMPULS

Mit dem Körner oder Dorn und dem Hammer wird ein Loch in den Deckel des Schraubverschlussglases gestoßen. Das Wollknäuel wird in das Glas gelegt und der Anfang des Fadens durch das Loch des Schraubverschlusses gefädelt. Danach das Glas mit dem Deckel verschließen und auf das Tablett stellen.

Sicherheitshinweis: Unbedingt darauf achten, dass vor (!) der ersten Nutzung mögliche scharfe Kanten entgratet werden müssen. **Tipp:** Legt man die Deckel beim Durchstoßen mit dem Dorn auf eine ebene Holzfläche, gibt es so gut wie keine scharfen Kanten.

Der Faden lässt sich jetzt durch den Deckel des Glases ziehen und leicht abwickeln. Der Vorteil ist, dass keine Knoten entstehen und das Knäuel nicht entwirrt werden muss. Kindern macht es Spaß, die unterschiedlichen Wollfäden durch die Deckellöcher zu ziehen. Kinder sind fasziniert durch die dabei entstehenden Geräusche und durch den Anblick der sich abwickelnden Wolle. Ist das Knäuel komplett abgewickelt, kann es einfach erneut im Schraubverschlussglas verstaut werden.

MATERIAL

- Tablett
- Schraubverschlussgläser mit Deckel
- Wollknäuel
- Werkzeug: Körner oder Dorn und Hammer

VARIANTEN

Mehrere Fäden können auch in einem Zug aus den Gläsern gezogen werden; so lässt sich leicht eine bunte Kordel herstellen. Wolle, unterschiedliche Fäden und Schnüre regen die Kreativität der Kinder an.

Besteht die Möglichkeit, aus Schafwolle selbst Fäden zu spinnen, sollte dies ausprobiert werden, dazu bietet sich vielleicht auch ein Besuch beim Schäfer an.

ab 3 Jahren

Öl und Wasser

DER IMPULS

Den Gefrierbeutel mit etwas Wasser und Speiseöl füllen. Je nach Größe des gewählten Gefrierbeutels kann die Menge von Öl und Wasser variieren. Einfach ausprobieren! Die Öffnung des Beutels mehrmals umschlagen und versuchen, so viel Luft wie möglich aus dem Beutel zu entfernen, so dass sich die Flüssigkeit im Beutel noch gut verstreichen lässt. Anschließend die Tüte rundherum mit Klebeband auf dem Tisch befestigen. Da Wasser und Öl sich nicht verbinden, entstehen Blasen, die mit den Fingern weggedrückt werden können.

MATERIAL

- Gefrierbeutel
- Wasser
- Speiseöl
- Klebeband
- evtl. Lebensmittelfarbe

TIPP

Beim Befestigen auf dem Tisch muss zuerst die umgeschlagene Tütenöffnung festgeklebt werden. Anstatt eines Gefrierbeutels kann auch eine Klarsichthülle verwendet werden.

VARIANTE

Färbt man das Wasser zusätzlich ein, wird der Effekt durch den Farbunterschied noch deutlicher.

ab 2 Jahren

Tastboxen

DER IMPULS

Die Fachkraft stellt die Tastboxen auf und befüllt sie mit unterschiedlichen Materialien, z. B. zum Thema Urlaub. Hierzu können sich dann in den Tastboxen Sand, Muscheln, ein verschlossener Gefrierbeutel mit Wasser, Sandförmchen, Eisstiele etc. befinden. Für taktile Wahrnehmungen sind der Fantasie kaum Grenzen gesetzt.

Die Kinder greifen in die Boxen und müssen aufgrund ihrer sinnlichen Erfahrungen (taktil, auditiv, olfaktorisch) erkennen, was sich in dem Karton befindet. Es ist eine ungewöhnliche Erfahrung für die Kinder, auf die visuelle Wahrnehmung zu verzichten. Es ist auch etwas Mut erforderlich, in eine Box zu greifen, deren Inhalt nicht bekannt ist.

MATERIAL

▸ mehrere Tastboxen (z. B. Kartons mit handgroßem Loch oder Holzkisten mit entsprechender großer Bohrung zum Hineingreifen)
▸ Tastmaterialien: Watte ▸ Stroh ▸ Steine
▸ Knete ▸ Sand ▸ Muscheln ▸ Sandförmchen
▸ Eisstiele ▸ mit Wasser gefüllte Gefrierbeutel ▸ etc.

Hinweis: Damit wirklich kein Blick ins Innere der Box möglich ist, sollte die Öffnung mit Stoff verhangen sein.

TIPP

Eine kleinere Variante der Tastboxen sind die Fühlsäckchen. Durch den Stoff der kleinen Säckchen lässt sich das Material ausschließlich ertasten. Wer errät, was sich darin befindet?

ab 3 Jahren

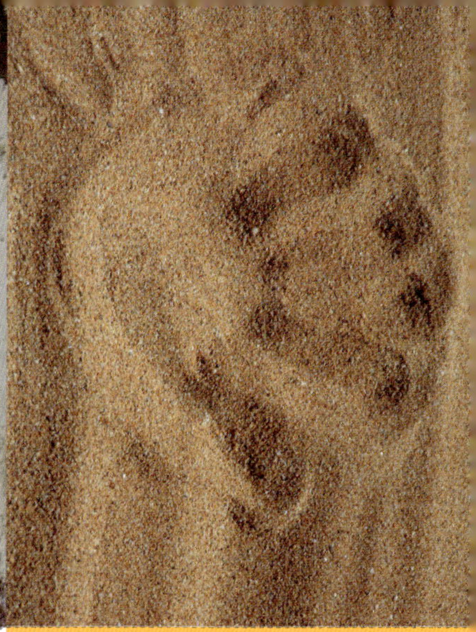

Tisch-Sandkasten (Mondsand)

DER IMPULS

Der oben beschriebene Wannentisch (S. 72) kann auch mit Mondsand gefüllt werden. Das Besondere an diesem Sand ist, dass er sich gut formen lässt und zusammenhält. Die Kinder können den Sand mit den Händen und/oder verschiedenen Materialien wie z. B. Förmchen, Eimer und Löffel konstruktiv gestalten. Die entstehenden Kuchen, Sandburgen, Straßen, Häuser und Hügel halten gut und fallen auch nach dem Trocknen nicht so schnell zusammen.

MATERIAL

▸ Wannentisch ▸ Mondsand ▸ evtl. verschiedene Gegenstände wie Förmchen, Eimer, Löffel etc.

REZEPT MONDSAND

▸ 2 Becher Quarzsand ▸ 1 Becher Stärke ▸ 1/2 Becher Wasser
▸ 1 TL Spülmittel ▸ evtl. Lebensmittelfarbe

Alle Zutaten vermischen und los geht es. Mit Lebensmittelfarbe kann der Sand nach Belieben eingefärbt werden.

ab 3 Jahren

Lehm und Ton

DER IMPULS

Lehm und Ton zwischen den Fingern zu spüren ermöglicht den Kindern – im Zusammenspiel mit Wasser – eine wichtige taktile Wahrnehmungserfahrung. In einer Aktionswanne können die Kinder das formbare Material in aller Ruhe untersuchen. „Profis" im Umgang mit diesem Naturmaterial haben die Möglichkeit, Ziegel herzustellen und diese mit Schaschlikspießen oder kleinen Stöckchen zu verzieren.

MATERIAL

- Lehm
- Ton
- Wasser
- Schaschlikspieße oder kleine Stöckchen
- evtl. Brennofen

HINWEIS

Durch „das Brennen" wird das Material haltbarer. Die einzelnen „Ziegel" können auch als Erinnerungsstücke der schulpflichtigen Kinder in der Einrichtung verbleiben.

ab 3 Jahren

Schwammbälle

DER IMPULS

Die Schwammtücher (Schwämme) in 1–2 cm breite Streifen schneiden, übereinander legen und mit Hilfe eines Kabelbinders oder der reißfesten Schnur mittig zusammenbinden – eine Kugelform entsteht. Dieser Schwammball kann zum Spielen in geeigneten Räumen genutzt werden. Die Ballgröße ist abhängig von der Anzahl und der Länge der Schwammstreifen.

MATERIAL

▸ Schwammtücher oder flache Schwämme ▸ Kabelbinder oder reißfeste Schnur ▸ Schere

VARIANTE

Im Außenbereich kann der Schwammball auch als Wasserbombenersatz genutzt werden. Dazu tauchen die Kinder den Ball ins Wasser und machen ihn so zu einem nassen Wurfgeschoss. Auf trockene Pflastersteine geworfen hinterlässt der nasse Ball interessante Abdrücke.

Stellen die Kinder sich barfuß auf den Ball, nehmen sie den nassen Schwamm unter den Füßen wahr.

ab 4 Jahren

Wassermusik

DER IMPULS

Die Fachkraft stellt die Schüssel mit Wasser und die leeren Gläser auf das Tablett. Die Kinder füllen Wasser mit der Pipette oder der Tropfflasche in die Gläser und schlagen die Gläser mit dem Löffel an. Durch die unterschiedliche Wasserhöhe in den Gläsern nehmen die Kinder so unterschiedliche Klänge wahr. Sie erfahren durch das Experimentieren mit dem Wasserstand im Glas, dass sich die Tonhöhe durch die Füllhöhe verändert und neue Klänge entstehen.

Hinweis: Die Gläser lassen sich so sortieren, dass eine Tonleiter entsteht. Schlägt man die Gläser nacheinander an, wird der Ton immer höher oder immer tiefer.

MATERIAL

- Tablett
- kleine Gläser
- kleiner Löffel
- Schüssel mit Wasser
- Pipette oder Tropfflasche

VARIANTE

Reibt man mit dem nassen Finger über den Rand der Gläser, lassen sich auch so Töne erzeugen.

ab 4 Jahren

Knete und Zahnstocher

DER IMPULS

Die Fachkraft gibt in einige Schüsseln Knete, in die anderen Schüsseln Zahnstocher bzw. Schaschlikspieße oder Trinkhalme. Die Kinder formen kleine Knetkugeln und verwenden diese als Steckmasse und verbinden damit die Zahnstocher, Schaschlikspieße oder Trinkhalme. Dabei können zweidimensionale Muster und Abdrücke in der Knete oder andere dreidimensionale Gebilde entstehen.

MATERIAL

▸ Tablett ▸ Knete ▸ Zahnstocher oder Schaschlikspieße bzw. Trinkhalme ▸ mehrere Schüsseln

EINFACHES REZEPT FÜR KNETE

200 g Mehl
300 g Salz
400 ml Wasser
20 ml Speiseöl
20 g Zitronensäure (Backzutat)
10 ml Lebensmittelfarbe nach Wahl

Alle Zutaten mit einem Handrührgerät im Kochtopf mischen. Auf der Herdplatte unter ständigem Rühren erhitzen, bis die Masse eindickt und eine knetartige Konsistenz erreicht. Nicht anbrennen lassen!

ab 5 Jahren

Filzkugeln und -bälle

DER IMPULS

Die Fachkraft schneidet in den Karton Löcher, so groß, dass ein Filzball hindurch passt. Um die Löcher malt sie farbige Kreise in den Farben der Filzbälle. Sie füllt die Bälle in die Schälchen und stellt sie mit der Seifenschale, dem Karton und der Zuckerzange auf das Tablett. Die Kinder stecken einen rote Filzbälle in ein rot umrandetes Loch, gelbe Filzbälle in ein gelb umrandetes usw.

MATERIAL

▸ Tablett ▸ Schuhkarton ▸ Filzstifte ▸ Filzkugeln und -bälle (aus dem Bastelladen oder selbst hergestellte Bälle aus Märchen- bzw. Filzwolle) ▸ Schälchen ▸ Seifenschale mit Saugnoppen ▸ Zuckerzange ▸ Fingermalfarben ▸ evtl. Wäscheklammern

VARIANTEN

Zusätzlich können die Kinder die Filzbälle mithilfe der Zuckerzange greifen und versuchen, diese auf die Noppen der umgedrehten Seifenschale zu legen.

Die Filzbälle lassen sich auch gut mit Wäscheklammern greifen und auf unterschiedliche Gefäße verteilen.

Ebenfalls lässt sich die Wäscheklammer-Filzball- Kombination als Pinselersatz nutzen. Einfach in Fingerfarbe tauchen und losmalen.

ab 3 Jahren

Schaumschlangen

DER IMPULS

Den Boden der Flasche mit der Schere abschneiden. Danach die Socke über die Flasche ziehen und mit einem Klebeband oder starkem Gummiband fixieren. Etwas Spülmittel dem Wasser in der Schüssel zugeben und vermischen. Die Flasche mit der „Sockenseite" in das Wasser-Spülmittelgemisch tauchen, so dass sich die Socke vollsaugt. Pusten die Kinder nun in den Flaschenhals, entsteht eine „Schaumschlange".

Sicherheitshinweis: Den Kindern muss vorher erklärt werden, dass sie nur in die Flasche hineinpusten, aber nicht das Seifenwasser ansaugen dürfen.

MATERIAL

Schüssel mit Wasser ▸ etwas Spülmittel ▸ kleine Kunststoffflasche ▸ dickere Socke ▸ Klebeband oder starkes Gummiband ▸ Schere ▸ evtl. Lebensmittelfarbe

VARIANTE

Wird etwas Lebensmittelfarbe auf die Socke geträufelt, entstehen wunderschöne, bunte Schaumschlangen.

ab 5 Jahren

Riechdöschen

DER IMPULS

Die Fachkraft sticht mit einer heißen Nadel in die Deckel der Döschen kleine Löcher. Die Dosen füllt sie mit entsprechenden, stark riechenden Materialien.

Die Kinder riechen an den Dosenöffnungen und versuchen, den Geruch zuzuordnen. Durch entsprechende Abbildungen des Inhalts können die Kinder die Riechdosen leichter zuordnen, indem sie sie auf die Bilder stellen, deren Inhalt sie in den Dosen vermuten. Durch diese Zuordnung erhalten die Kinder zusätzlich eine Orientierung.

Hinweis: Damit nichts durch die Löcher der Döschen rieselt, kann unter den Deckel noch ein Stück Feinstrumpfhose gespannt werden, das so die Löcher abdeckt.

MATERIAL

leere Döschen (von Brausetabletten o. Ä.) ▸ stark riechendes Füllmaterial (von: Lavendelblüten, Kaffeepulver, Orangenschalenabrieb etc.) und entsprechende Bilder ▸ Nadel

ab 5 Jahren

Gefrorene Wasserbomben

DER IMPULS

Die Kinder füllen Wasserbomben mit Wasser und frieren sie über Nacht ein. Am nächsten Tag werden diese Hüllen entfernt und die Eiskugeln bleiben übrig.

MATERIAL

▶ Wasserbomben ▶ Wasser ▶ kleine Taschenlampe oder elektrische Teelichter ▶ Lebensmittelfarbe

TIPP

Das Wasser in den Wasserbomben lässt sich färben, so dass farbige Kugeln entstehen.

VARIANTE

Werden die Wasserbomben nur so lange eingefroren, dass der Kern noch flüssig ist, lassen sie sich an einer Seite öffnen. Es entsteht in der Kugel ein Hohlraum, da das noch nicht gefrorene Wasser herausläuft. Eine kleine Taschenlampe oder ein elektrisches Teelicht kann jetzt in der Kugel platziert werden. Sie leuchtet wunderschön und die eingeschlossenen Luftblasen im Eis ergeben zusätzlich einen faszinierenden Effekt und lassen die Kinder staunen.

ab 3 Jahren

Taststraße

DER IMPULS

Jedes Brettchen wird mit einem anderen Material beklebt. Nachdem alle Materialbrettchen getrocknet sind, können sich die Kinder nun ihre eigene Taststraße bauen. Barfuß können sie über die Brettchen laufen.

MATERIAL

▸ mehrere Brettchen (Schneid- bzw. Frühstücksbrettchen aus Holz oder Kunststoff) ▸ verschiedene Kleinstmaterialien (flache Kieselsteine, Schleifpapier, Glasnuggets, Schwammtuch, Stofftuch, Unterlegscheiben etc.) ▸ Kleber ▸ evtl. Heißkleber

VARIANTE

Noch bewusster nehmen die Kinder die verschiedenen Untergründe wahr, wenn sie mit geschlossenen oder verbundenen Augen über diese Taststraße laufen.

ab 3 Jahren

Fütter den „Tennisball“!

DER IMPULS

Die Fachkraft stellt alle Materialien auf ein Tablett. Sie schneidet den Tennisball mit dem Messer oder der Schere halb ein, so dass ein Mund entsteht. Mit einem Lackstift oder den Wackelaugen erhält der Ball sein Gesicht. Drückt man nun auf die Mundwinkel des Tennisballs, öffnet sich dieser und die Kinder können den Ball mit Perlen oder anderen Kleinmaterialien „füttern“. Ist der Ball gefüllt, kann er seinen Inhalt in ein Schälchen „spucken“ und danach immer wieder neu gefüttert werden.

MATERIAL

▸ Tablett ▸ ausrangierter Tennisball ▸ kleiner Löffel ▸ Messer oder spitze Schere ▸ Lackstifte oder Wackelaugen ▸ Schälchen ▸ Perlen oder anderes Kleinstmaterial

ab 4 Jahren

Eiswürfelmalerei

DER IMPULS

Die Fingerfarbe wird mit Wasser verdünnt und in die Eiswürfelbehälter gefüllt. Ist alles gefroren, können die Kinder mit den Eiswürfeln auf dem Malpapier malen.

MATERIAL

- Eiswürfelbehälter
- Wasser
- Fingerfarbe
- Trinkhalmstücke
- Malpapier

VARIANTE

Steckt man rechtzeitig Trinkhalmstücke in die Eiswürfelbehälter, können diese später als Griff beim Eiswürfelmalen dienen.

ab 3 Jahren

Zangen

DER IMPULS

Bei dieser feinmotorischen Übung kommen erst die größeren Zangen zum Einsatz. Der Schwierigkeitsgrad wird gesteigert, je kleiner die benutzten Zangen bzw. Materialien werden.

Anfangs greifen die Kinder mit der großen Grillzange Walnüsse oder Bälle, die sie in die Muffinförmchen einsortieren. Mit immer kleineren Zangen werden dann Schritt für Schritt immer kleinere Materialien gegriffen und in Eierkartons, Förmchen und Schälchen einsortiert.

MATERIAL

▶ unterschiedliche Zangen (Grillzangen, Kuchenzangen, Zuckerzangen, Pinzetten) ▶ Eierkartons ▶ Muffinförmchen ▶ Schälchen ▶ Kleinmaterialien (Walnüsse, Bälle, Muggelsteine, Perlen, Steinchen o. Ä.)

HINWEIS

Die Funktionsweise der Zangen weckt das Interesse der Kinder. Durch die unterschiedlichen Materialien und die Sortiermöglichkeiten wird die Motivation der Kinder geweckt und ihre Feinmotorik geschult.

Die unterschiedlichen Zangenmodelle können je nach Entwicklungsstand der Kinder und dem gewünschtem Schwierigkeitsgrad gewählt werden.

Sicherheitshinweis: Je nach Alter und Entwicklungsstand der Kinder muss darauf geachtet werden, dass keine verschluckbaren Kleinteile ins Spiel kommen.

ab 2 Jahren

Das Barfußzimmer

DER IMPULS

Das Zimmer wird barfußfreundlich eingerichtet, indem die verschiedenen Teppichfliesen, Fußmatten, Massageroller, Kissen und Decken im Raum verteilt werden.

Selbstverständlich betreten die Kinder das Zimmer nur barfuß und ertasten und erspüren mit ihren Füßen diese unterschiedlichen Untergründe. Hier können Ideen der Kinder ergänzend aufgegriffen werden, mit welchen Materialien sie ihr Barfußzimmer noch weiter einrichten und spüren wollen.

MATERIAL

▸ unterschiedliche Teppichfliesen (aus verschiedenem Obermaterial in verschiedenen Strukturen) ▸ Kissen ▸ Decken ▸ Fußmatten ▸ Massageroller und anderes angenehmes „Barfußmaterial“

TIPP

Die selbst kreierte Taststraße von S. 86 lässt sich ebenfalls ins Barfußzimmer integrieren.

ab 2 Jahren

IMPULSE IN DER PRAXIS

KOGNITION

Eine lernoffene Umgebung, sinnfrei verwendetes Material und die Neugierde des Kindes sind zentrale Aspekte für kindliche Entwicklung. Das Kind fühlt sich motiviert und angespornt, sich mit den Dingen des alltäglichen Lebens auseinanderzusetzen, sie zu hinterfragen und zu erforschen.

Diese Erfahrungen werden zu Wissen – das Kind hat etwas gelernt!

Schlüssel

DER IMPULS

Schlüssel lassen sich hier als Kombinationsspiel verwenden. Für das Spiel werden die einzelnen Schlüssel zunächst kopiert. Mit diesen Kopien versuchen die Kinder jetzt, die Schlüssel der zutreffenden Abbildung zuzuordnen.

Hinweis: Der Schwierigkeitsgrad variiert, je eindeutiger die Unterschiede zwischen den einzelnen Schlüsseln sind.

MATERIAL

- unterschiedliche Schlüssel (Alter, Form und Größe)
- Kopierer
- diverse Kleinmaterialien

VARIANTEN

Auch andere Gegenstände lassen sich kopieren oder abmalen und laden so zum Zuordnen ein. Welcher Gegenstand passt wohl zu welchem Umriss?

Drückt man eine Form oder einen Gegenstand in Knete, wird der Abdruck plastischer. So lassen sich Umrisse von Zahlen und Buchstaben in formbarem Material gut mit dem Finger nachfahren. Ein erstes Verständnis für Buchstaben und Zahlen kann so entstehen.

Kombiniert mit Karabinerhaken z. B. zu einem Schlüsselbund lassen sich die Schlüssel gut im Rollenspielbereich verwenden. Auch mit Magneten und Ketten lassen sich die Schlüssel kombinieren und laden die Kinder zum Experimentieren und Forschen ein.

ab 4 Jahren

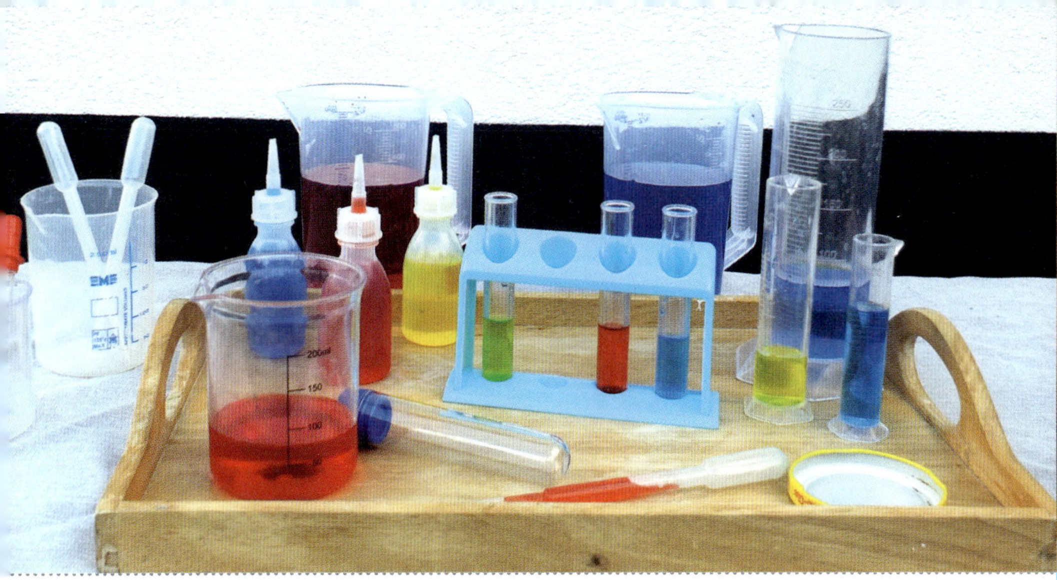

Farbentablett

DER IMPULS

Die ErzieherIn stellt den Kindern auf einem Tablett die Materialien zur Verfügung. Die Kinder mischen die Grundfarben mit Pipetten, Seifenspender, Spritze etc. Dadurch machen sie Erfahrungen in der Handhabung und Verwendung der Materialien und im Entdecken neuer Farben.

Hinweis: Gerade am Anfang sollte den Kindern nicht zu viel Material zur Verfügung gestellt werden. Schüsseln mit Wasser in den Grundfarben und eine Pipette reichen. Später kann der Impuls durch die verschiedenen Materialien erweitert werden

MATERIAL

▸ Tablett ▸ kleine Gläschen und Behälter ▸ mit Lebensmittelfarbe gefärbtes Wasser in den Grundfarben oder Farben nach Wunsch ▸ Schraubverschlussdeckel ▸ leerer Seifenspender ▸ Messbecher ▸ Reagenzgläser ▸ Pipette ▸ Spritze ▸ evtl. Farbkarten oder Mischtafeln

VARIANTE

Als Anregung können den Kindern noch Farbkarten zur Verfügung gestellt werden. Auf der Tafel sind Mischaufgaben abgebildet, die die Kinder mit ihren Farben nachstellen können, z. B. Blau und Gelb ergibt Grün etc.

TIPPS

- Ein Eimer für Farbreste sollte bereitgestellt werden, um wieder Platz für neue Farbexperimente zu schaffen.
- Werden die Farbtafeln laminiert, sind sie vor Wasserspritzern geschützt.
- Das Wasser lässt sich auch mit farbigem Krepppapier färben.

ab 3 Jahren

Zollstöcke

DER IMPULS

Kinder nutzen die Zollstöcke gerne zum Konstruieren, denn sie lassen sich in vielfältiger Form falten und zu verschieden Figuren zusammenlegen. Die Funktion der Zollstöcke zu untersuchen, zu erkunden, sie korrekt oder zweckentfremdet zu nutzen, sie anschließend wieder in ihre korrekte Position zusammenzufalten, macht Kinder neugierig und ist sehr phantasieanregend.

Hinweis: Werden die zurechtgebogenen Zollstöcke vorsichtig ineinander gesteckt, können auch dreidimensionale Objekte entstehen.

MATERIAL

- Zollstöcke (Gliedermaßstäbe) in 1 und 2 m Längen aus Holz oder Kunststoff

VARIANTEN

Die Zollstöcke regen vor allem die älteren Kinder an, sich mit Zahlen und Längenmaßen zu beschäftigen. Fragen, wie lang ist mein Fuß, mein Arm, der Tisch? Wie groß bin ich? Wie groß du? können dann mit dem Zollstock als Messwerkzeug, untersucht und beantwortet werden.

Zusätzlich können noch andere Messinstrumente wie Maßbänder, Lineale, Geodreiecke, Wasserwaagen, Messschieber etc. bereitgestellt werden.

ab 4 Jahren

Kugelrennen

DER IMPULS

Die Fachkraft bringt an den Längsseiten der Holzplatte Leisten an, damit die Kugeln seitlich nicht herunterrollen können. Wird Karton verwendet, werden die Längsseiten ca. 2–3 cm umgeknickt und mit Klebeband fixiert.

Die Kinder lehnen die Holzplatte oder den Karton so an einen Gegenstand (Hocker, Kiste, Podest etc.), dass eine abschüssige Rampe entsteht. Die Fachkraft befestigt dann am Ende der Rampe mit Klebeband die Becher, in die die Kugeln hineinfallen sollen. Auf der Rampe entstehen „Hindernisse“ für die Kugeln z. B. Holzplättchen, Wäscheklammern, Bauklötze oder Steinchen diese werden mit Magnetklebeband versehen. Auf der Rampe wird ebenfalls ein Magnetklebeband befestigt, um die Hindernisse fixieren zu können.

Vom Startpunkt lassen die Kinder eine Murmel losrollen. Je nachdem, auf welches Hindernis die Murmel trifft, wird sie abgelenkt und landet schließlich unten in einem der Becher. Möglicherweise können die Kinder schon voraussagen, in welchem Becher die Kugel landet.

MATERIAL

▸ fester Karton oder Holzplatte (ca. 2 m x 0,4 m) ▸ 2 Holzleisten entsprechend der Länge der Holzplatte ▸ Magnetklebeband ▸ Murmeln ▸ Pappbecher ▸ Schere

VARIANTE

Die Fachkraft beschriftet die Becher mit Zahlen. Je nachdem, von welchem Punkt aus die Kugel startet, und in welchem Becher sie landet, werden entsprechende Punkte gesammelt. Durch das Magnetklebeband auf der Rampe sind die Hindernisse austauschbar und können nach Belieben ausgewechselt werden.

ab 3 Jahren

Gewichte

DER IMPULS

Die Fachkraft wiegt immer zwei gleiche Portionen Knete ab, z. B. je 2 x 10 g, 20 g und 40 g und verteilt sie in die Döschen. Dadurch haben immer zwei Döschen das gleiche Gewicht und können so einander zugeordnet werden. Damit die Kinder selbst kontrollieren können, ob sie die passenden Paare gefunden haben, sollten gleichfarbige Klebepunkte vorher unter diesen Döschen befestigt werden.

MATERIAL

▸ Aktionstablett ▸ 6 gleiche Döschen oder Schachteln mit Deckel ▸ Küchenwaage ▸ Knete ▸ evtl. farbige Klebepunkte

VARIANTE

Das Spiel lässt sich auch als „Gewichtsmemory" abwandeln. Dazu müssen noch mehr Döschen mit unterschiedlichen Gewichten vorbereitet werden. Je geringer der Gewichtsunterschied zwischen den Döschen ist, desto schwieriger wird die Zuordnung der Paare. Daher sollten die Gewichtsunterschiede an den Entwicklungsstand der Kinder angepasst werden.

ab 4 Jahren

Waagen

DER IMPULS

Die Fachkraft stellt den Kindern die unterschiedlichen Waagen und die Gewichte in den Schüsseln zur Verfügung. Die Kinder wiegen mit den verschiedenen Waagen die unterschiedlichen Gewichte und machen erste Erfahrungen mit Masse und Gewicht.

- Welche Materialien bringen die Balkenwaage ins Gleichgewicht?
- Welche Anzahl an Materialien ist dafür nötig?
- Wie zeigen die digitale und die manuelle Küchenwaage das Gewicht an?

All diese Fragen können die Kinder im Umgang und beim Experimentieren mit den Waagen selbst beantworten. Vielleicht finden sie auch noch andere Gegenstände, die sich abwiegen lassen.

MATERIAL

▸ verschiedene Waagen (Balkenwaage, Küchenwaage, digital und manuell) ▸ kleine Schüsseln ▸ unterschiedliche Gewichte ▸ kleine Gegenstände z. B. Steine, Kronkorken, Astscheiben, Muttern etc.

VARIANTEN

Erweitern lässt sich dieser Impuls durch Zettel und Stift. Möglich ist eine Strichliste mit der Menge der verwendeten Materialien. Hier können auch schon die ersten Zahlen von der Waage abgeschrieben werden. Im Rollenspielbereich aufgebaut, bietet eine Waage viele Anlässe für die Kinder, sie in ihr Spiel zu integrieren.

ab 5 Jahren

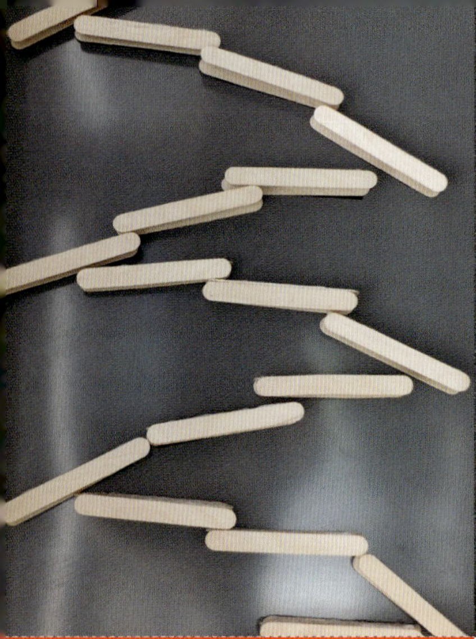

Veränderbare Murmelbahn

KONSTRUKTION 1

MATERIAL

▶ Metallplatte ▶ kleine Schüssel oder Karton ▶ Holzspatel ▶ selbstklebendes Magnetklebeband ▶ Murmeln ▶ Heißkleber

Aus den Holzspateln werden die Bahnen für die Murmeln gebaut. Die einzelnen Holzspatel werden mithilfe der Klebepistole miteinander verbunden. An die Rückseite der einzelnen Bahnen wird Magnetklebeband befestigt. Die Kinder schieben die einzelnen Bahnen an einer Metallplatte hin und her, bis sie ihre individuelle Kugelbahn kreiert haben. Sie soll so konstruiert werden, dass die Kugeln in eine kleine Schüssel oder in einen Karton laufen.

HINWEISE

- Die Bahn darf nicht zu steil gebaut werden, da die Kugel sonst herausspringt.
- Je nach Haltekraft des Magnetklebebandes muss es ggf. zusätzlich mit Flüssigkleber verstärkt werden.
- Die Bahn lässt sich gut am Kühlschrank befestigen.
- Wer kein Magnetklebeband zur Hand hat, kann auch handelsübliche Magnete an die Bahnen anbringen.
- Für die Kinder ist es gar nicht so einfach herauszufinden, wie die Bahn angeordnet werden muss, ohne dass die Kugeln herausspringen. Hier sind Kognition, Konzentration und Fingerspitzengefühl gefragt.

ab 4 Jahren

KONSTRUKTION 2

MATERIAL

- Kabelkanalschächte
- selbstklebendes Magnetklebeband

Auch aus Kabelkanälen lässt sich eine variable Kugelbahn konstruieren. Die Abdeckung wird entfernt, die Kanäle werden auf die gewünschte Länge zugeschnitten und an den Enden mit einem Bohrloch (Durchmesser ca. 2 cm, Randabstand ca. 2,5 cm) versehen. Ein kurzes, abgesägtes Stück der oberen Abdeckschiene dient als Stoppteil und wird hinter die Lochbohrung aufgeklemmt. Das Magnetklebeband wird an der Rückseite befestigt und schon kann an einer Metallplatte die selbst gebaute Kugelbahn angebracht werden.

Sicherheitshinweis: Auf einen sicheren Stand bzw. gute Befestigung der Metallplatte muss geachtet werden.

ab 4 Jahren

Licht und Farbe

DER IMPULS

Die Kinder legen die farbigen Plexiglasstücke, Folien oder Prismen auf den Oberlichtprojektor bzw. Lichttisch. An den Wänden, auf dem Boden oder Tisch entstehen farbige Lichteffekte. Es lassen sich Folien, Plexiglasstücke und Folien auch übereinander legen und so Farben mischen. Aus einer gelben und einer blauen Folie wird so eine grüne Lichtfläche.

MATERIAL

▸ Plexiglasstücke in verschiedenen Farben und Größen ▸ farbige Folien und Prismen oder Prismabausteine ▸ Taschenlampe ▸ Oberlichtprojektor oder „Lichttisch" (von unten beleuchtete Tischplatte mit Glaseinsatz)

TIPP

Anstelle einer Lichtquelle unter einem Glastisch können die Lichteffekte auch mit einer Taschenlampe erzeugt werden. Besonders schön wirken die Lichteffekte in einem abgedunkelten Raum.

Hinweis: Vorher wird den Kindern der Umgang mit den Materialien erklärt. Zum Beispiel, dass bei einer Taschenlampe nie direkt ins Licht geschaut werden darf etc.

ab 4 Jahren

Dosen, Dosen, Dosen

DER IMPULS

Die gereinigten Dosen und verschiedene Deckelverschlüsse werden den Kindern zum Erproben bereitgestellt. Sie experimentieren mit den Dosen und den verschiedenen Verschlüssen. Welcher Deckel passt auf welche Dose? Wie funktioniert der Verschluss? Wie lässt sich der Deckel verschließen und wieder öffnen?

MATERIAL

▸ verschiedene Dosen mit unterschiedlichen Verschlüssen (Dreh-, Schnapp- oder Bügelverschlüsse) ▸ evtl. Kleinmaterialien (Muggelsteine, Knöpfe, Münzen, Perlen o. Ä.)

VARIANTEN

Zusätzlich kann die Fachkraft noch kleine Materialien wie Muggelsteine oder Perlen anbieten. Werden diese Materialien mit den Händen, Löffeln, Zangen oder Pinzetten auf die verschiedenen Dosen verteilt und verschlossen, entstehen unterschiedliche Geräusche.

Die Materialien werden von den Kindern abgezählt, abgewogen oder nach Farben sortiert. Hier sind der Fantasie und der Experimentierfreude der Kinder keine Grenzen gesetzt.

Schneidet die Fachkraft einen Schlitz in eine Dose, lässt diese sich wie ein „Sparschwein“ verwenden. Durch den Schlitz stecken die Kinder Knöpfe oder Münzen. Wird die Dose zusätzlich mit Geschenkpapier, Pappe und Stoff beklebt oder angemalt, entsteht ein ansprechendes Spielmaterial, das von den Kindern vielseitig genutzt werden kann. Auch ein Schuhkarton eignet sich dazu, ihn mit Schlitzen zu versehen und zum Einwerfen von Dingen (z. B. Schraubverschlussdeckel) zu verwenden.

Sicherheitshinweis: Die Auswahl der Kleinteile ist vom Alter und Entwicklungsstand der Kinder abhängig.

ab 2 Jahren

Sortierkästen, Setzkästen

DER IMPULS

Die Fachkraft stellt den Kindern die Kästen und Kleinteile in Schälchen gefüllt zur Verfügung. Die Kinder sortieren die Materialien in die einzelnen Kästen nach Farbe, Größe etc. Hierbei sind der Fantasie der Kinder keine Grenzen gesetzt.

MATERIAL

▸ Sortierkästen, Setzkästen mit unterschiedlichen Fächern oder Eiswürfelbehälterschälchen ▸ verschiedene Kleinmaterialien (z. B. Muscheln, Muggelsteine, Perlen, Astscheiben, Knöpfe, Glasnuggets) ▸ farbiger Zeichenkarton als Sortierhilfe ▸ evtl. Zangen oder Pinzetten

Sicherheitshinweis: Die Auswahl der Kleinteile ist vom Alter und Entwicklungsstand der Kinder abhängig.

VARIANTEN

Schwerpunktmäßig können die Kästen nach festgelegten Kategorien sortiert werden. So z. B. Kästen mit Naturmaterialien, nur mit runden Dingen, aber auch themenmäßig sortierte Kästen wie z. B. zu Urlaubserinnerungen, etc.

Eine neue taktile Herausforderung ergibt sich, wenn den Kindern zum Sortieren noch Zangen oder Pinzetten bereitgestellt werden.

ab 2 Jahren

Joghurtbecher

DER IMPULS

Die Fachkraft schneidet das Tonpapier im Maß der Bodenfläche der Becher zu. Jeder Becher bekommt einen andersfarbigen Boden. Sie schüttet die Muggelsteine in die Schüssel und stellt alle Materialien auf das Tablett. Nun können die Kinder die Muggelsteine aus der Schüssel passend zu der Bodenfarbe der Becher sortieren.

Hinweis: Die Auswahl der Farben kann je nach Alter und Entwicklungsstand der Kinder reduziert oder erweitert werden.

MATERIAL

▸ Aktionstablett ▸ 6 saubere Joghurtbecher ▸ 1 Schüssel ▸ Tonpapier in den Primärfarben (Rot, Blau, Gelb) und in den Komplementärfarben (Grün, Orange und Violett) ▸ jeweils 10 Muggelsteine in den gleichen Farben wie das Tonpapier

VARIANTE

Ein zusätzlicher Anreiz und eine feinmotorische Übung ist es, wenn die Kinder Löffel zum Sortieren benutzen. Es eignen sich auch andere farbige Kleinmaterialien wie z. B. Knöpfe, Trinkhalmabschnitte (siehe S. 57) oder farbige Spatel.

ab 2 Jahren

Farbabstufungen - Dunkel und Hell

DER IMPULS

Die Fachkraft bemalt die Klebeetiketten mit den Grundtönen jeder Farbe. Mit der weißen Farbe wird auf jedem weiteren Etikett der Grundton aufgehellt, sodass eine Abstufung von Dunkel nach Hell entsteht. Nach dem Trocknen lassen sich die Etiketten abziehen und auf zugeschnittene Tonpapierkärtchen kleben. Bei Bedarf können diese laminiert werden.

Die Kinder versuchen nun, die Kärtchen von Dunkel nach Hell zu sortieren. Auch andere Kombinationen der verschiedenen Farben sind möglich.

MATERIAL

- Klebeetiketten
- Primär- und Komplementärfarben
- weiße Farbe zum Aufhellen
- evtl. Tonkarton und Laminiergerät

HINWEISE

Die Anzahl der angebotenen Farben ist vom Alter und Entwicklungsstand der Kinder abhängig. Der Schwierigkeitsgrad wird erhöht, je mehr Farbabstufungen es von einem Grundton gibt.

TIPP

Auch alte Farbkarten aus Malergeschäften lassen sich für diese Aktion nutzen.

ab 4 Jahren

Verschlüsse

DER IMPULS

Die Fachkraft legt die unterschiedlichen Verschlüsse auf ein Tablett und greift dadurch das Interesse der Kinder an Verschlüssen auf. Die Kinder untersuchen die unterschiedlichen Verschlussmöglichkeiten.

Bei manchen Verschlüssen ist noch Zusatzmaterial nötig, z. B. sollte ein Schnürsenkel in Kombination mit einem Schuh angeboten werden, Druckknöpfe und Knöpfe müssen auf Stoff befestigt werden, um sie schließen zu können etc.

MATERIAL

▸ Reißverschlüsse ▸ Klettverschlüsse (Klettband oder Klettkabelbinder) ▸ Knotenband ▸ Schnürsenkel ▸ Druckknöpfe ▸ Spannverschlüsse ▸ Steckschließer (Klickverschluss) ▸ Verschlussklemmen z. B. für Gefrierbeutel (Clips) ▸ Karabinerhaken ▸ Doppel-D-Ringe (Gürtelverschlüsse) etc.

ab 3 Jahren

Wippe

DER IMPULS

Die Fachkraft befestigt an der Unterseite – in der Mitte des Tabletts – mit Malerkrepp das Rundholz oder die Papprolle. Das Tablett wird umgedreht und die Wippe ist fertig. Als Mittelabtrennung dient eine zu einem Strang zerknüllte Alufolie.

Jetzt werden auf beide Seiten des Tabletts je 4 Pappbecher gesetzt, die von den Kindern vorsichtig mit der Tropfflasche mit Wasser gefüllt werden. Sie versuchen so, die Wippe in die eine oder andere Richtung kippen zu lassen. Vorsicht, es könnte nass werden!

MATERIAL

▸ Kunststofftablett ▸ Rundholz (Stück vom Besenstiel) oder stabile Papprolle (z. B. von Alu- oder Frischhaltefolie) ▸ Pappbecher ▸ breiter Malerkrepp ▸ Alufolie ▸ Tropfflasche mit Wasser ▸ ggf. Schüssel

VARIANTE

Anstatt Tropfflaschen können auch Pipetten, Löffel, Kellen oder Spritzen etc. genutzt werden. Sind die Becher voll, ist es sinnvoll, eine Schüssel bereit zu stellen, in der die Kinder das Wasser sammeln können. So kann der „Wippspaß“ immer wieder von vorne losgehen.

ab 4 Jahren

Freundschaftsband

DER IMPULS

Aus den unterschiedlichen Wollfäden knüpft, dreht oder flicht jedes Kind eine „Freundschaftskordel“. Hier erproben sich die Kinder in ihrer taktilen Wahrnehmung und in ihrer Feinmotorik, indem sie anschließend versuchen, ihr Band selbst zusammenzuknoten.

MATERIAL

- verschiedene Wollreste
- Schere

VARIANTEN

Werden alle einzelnen Bänder nach der Fertigstellung von den Kindern oder der Fachkraft zusammengeknotet, wird daraus ein ganz langes Freundschaftsband.

Dieses lange Freundschaftsband kann auch zum anschaulichen Messen genutzt werden und so die Frage beantworten, wie weit das Band reicht. 10 Kordeln reichen bis zum Schrank, 5 Kordeln bis zum Kreativbereich, und wie viele Kordeln reichen bis in die Küche?

Hinweis: Das Freundschaftsband ist ein schönes Symbol, um den Zusammenhalt aller Kinder der Einrichtung zu verdeutlichen und kann auch Thema in einer Gesprächsrunde oder auch im Rahmen eines Gottesdienstes sein.

ab 4 Jahren

Buchstaben-schubladen

DER IMPULS

Die Fachkraft befestigt an jeder Schublade in der Reihenfolge des Alphabets einen Buchstaben. Für jeden entsprechenden Buchstaben können die Kinder Gegenstände sammeln und so die Schubladen selbst füllen. So findet sich in der Schublade mit dem Buchstaben B z. B. ein Buntstift, ein Bonbon und eine Büroklammer.

Dadurch, dass die Kinder die Schubladen immer wieder öffnen, die Gegenstände betrachten, benennen und austauschen, erlernen sie auf diese anschauliche Weise das Alphabet.

MATERIAL

▸ Schubladenboxen (30 Schubladen) ▸ alle Großbuchstaben des Alphabets ▸ kleine Haushaltsgegenstände und Spielmaterialien, die in die Schubladen passen

HINWEIS

Kinder, die bald eingeschult werden, interessieren sich verstärkt für Buchstaben und Zahlen. Sie werden durch die Buchstabenbox weiter motiviert, sich noch intensiver mit diesem Thema zu beschäftigen und vielfältige Gegenstände zu sammeln.

VARIANTE

Zusätzlich können auch Zahlen an den Schubladen befestigt werden, die mit der Anzahl der darin befindlichen Gegenstände übereinstimmt.

ab 5 Jahren

Lupen und Mikroskop

DER IMPULS

Materialien und Gegenstände, für die sich die Kinder interessieren, lassen sich mit einer Lupe oder einem Mikroskop noch genauer untersuchen. Für die Kinder eröffnen sich durch die Vergrößerung der Gegenstände ganz neue Betrachtungsmöglichkeiten. Hierbei ergeben sich neue Fragestellungen, z. B.:

- Warum hat das Blatt so feine „Striche“ auf der Oberfläche?
- Wie halten die vielen Fäden den Stoff zusammen?
- Warum sind da Tiere im Wassertropfen?

Es sind Fragen, die anregen, „Lösungen“ zu suchen oder Bücher zu dem Thema zu betrachten oder auch „ExpertInnen“ zu fragen, oder, oder, oder ...

MATERIAL

▸ Lupen ▸ Mikroskop ▸ verschiedene Materialien (Blätter, Gras, Rinde, Stoff etc.)

ab 3 Jahren

Tücherball

DER IMPULS

Die Fachkraft steckt verschiedenfarbige Chiffontücher durch die Löcher in den Oball oder den Schneebesen und fertigt dazu passende Farbkarten an. Die Kinder nehmen sich eine Farbkarte und ziehen das gleichfarbige Tuch aus dem Ball oder Schneebesen.

Es macht den Kindern Spaß, die passenden Tücher herauszuziehen und sie auch wieder hineinzustecken.

Die Kinder sind immer wieder überrascht, wie viele Tücher in den Ball oder Schneebesen passen.

Durch diese Tätigkeit lernen die Kinder, die verschiedenen Farben zuzuordnen und die Farben richtig zu benennen.

MATERIAL

▶ Chiffontücher ▶ Oball (flexibler Ball mit Löchern) oder Schneebesen ▶ Farbkarten

ab 2 Jahren

Würfel und Handschuhe

DER IMPULS

Die Fachkraft füllt die Handschuhe mit Erbsen, Reis oder Linsen und knotet sie mit der Schnur zu. Handschuhe und Würfel werden auf das Tablett gelegt. Nun würfeln die Kinder. Je nach Augenzahl des Würfels, knicken die Kinder die einzelnen Finger der Handschuhe um.

Hinweis: Damit die einzelnen Finger noch gut umgeknickt werden können, darf nicht zu viel Füllmaterial im Handschuh sein.

MATERIAL

- Tablett
- Baumwollhandschuhe oder Einweghandschuhe
- Erbsen
- Reis oder Linsen als Füllmaterial
- Schnur
- 2 Würfel

VARIANTE

Je nach Alter und Entwicklungsstand wird zuerst nur ein Handschuh eingesetzt, um den Kindern schrittweise die Kombination von Menge und Zahl bewusst zu machen. Dabei kann zunächst die Zahl sechs durch einen farbigen Klebepunkt markiert und als „Joker“ eingesetzt werden.

Den Kindern wird hier anschaulich der Umgang mit Zahlen vermittelt, wodurch das Simultanerfassen von Menge und Zahl geübt wird.

ab 5 Jahren

IMPULSE IN DER PRAXIS

SOZIALES MITEINANDER

Im Rollenspiel spielt das Kind die Welt der Erwachsenen nach, z. B. im typischen Mutter-Vater-Kind-Spiel. Es lernt, sich in andere Personen hineinzuversetzen, mit Spielpartnern Absprachen zu treffen und gemeinsam Regeln aufzustellen.
Eine große Rolle spielt dabei die Kommunikationsfähigkeit, sie wird erprobt und erweitert. Im Zusammenspiel mit mehreren Kindern wird das Sozialverhalten eingeübt. Es wird z. B. gelernt, Konflikte angemessen zu bewältigen.
Hierzu brauchen Kinder eine anregende Umgebung, die ihrem Alter und Entwicklungsstand entspricht und in der sie vielfältige Möglichkeiten finden, diese Räume, Ecken und auch Nischen nach eigenen Ideen und Interessen umzugestalten. Unterstützt wird dieses Rollenspiel auch durch ein vielfältiges Angebot an Materialien, die auch zweckentfremdet genutzt werden können.

Teppichfliesen

DER IMPULS

Teppichfliesen bieten Kindern immer wieder vielfältige Anregungen zum Rollenspiel.

- Durch unterschiedliche Farben der Fliesen lassen sich einzelne Spielbereiche eingrenzen.
- Bei Hüpfspielen kann von Fliese zu Fliese gesprungen werden.
- Fliesen können synonym genutzt werden, z. B. für Weiden, auf denen Pferde grasen oder ein Ackerfeld, worauf die Landmaschinen fahren, etc.
- Teppichfliesen sind auch als Sitzgelegenheit sehr beliebt, denn sie geben den Kindern Orientierung und Sicherheit im Raum.

MATERIAL

- ▸ Teppichfliesen in verschiedenen Farben und Größen

ab 3 Jahren

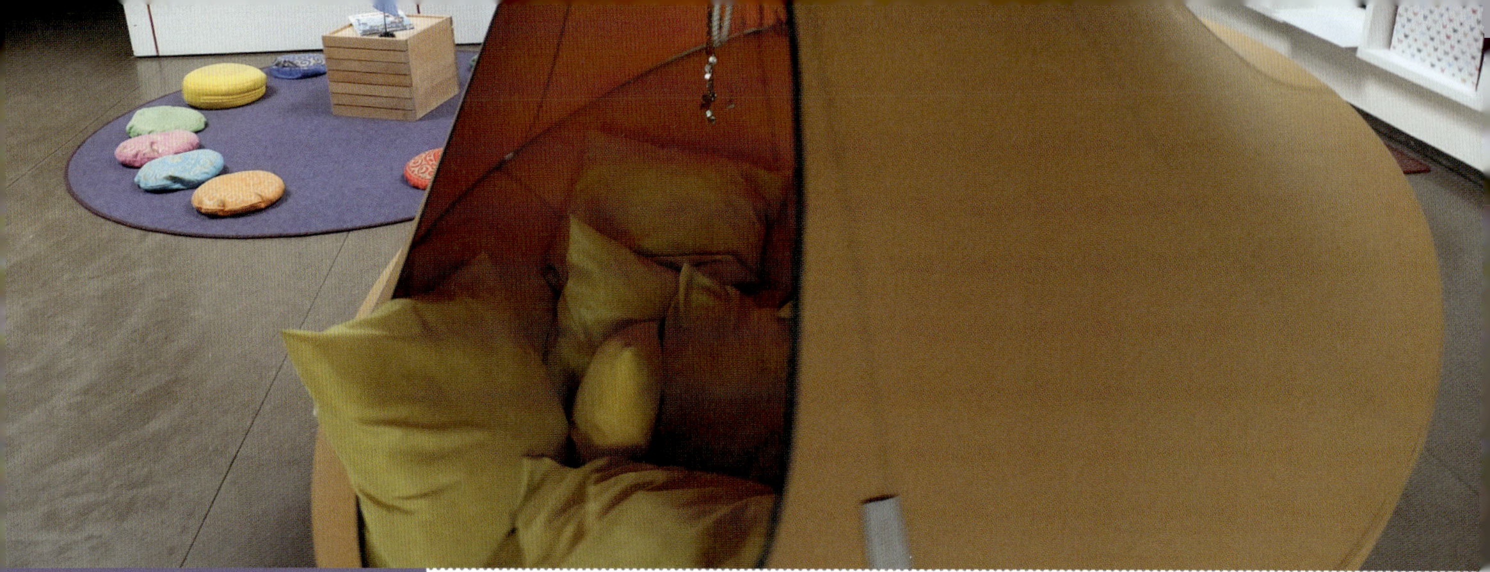

Rückzugsmöglich-keiten schaffen

DER IMPULS

Kinder benötigen im Verlauf des Tages Rückzugsmöglichkeiten, um sich zwischendurch zu erholen, zu entspannen, andere zu beobachten, auch, um mal allein zu sein.

Unter anderem bietet der Rollenspielbereich dazu viel Gelegenheit, denn hier können sie sich ihre eigene „Welt“ gestalten, z. B.:

- Die Kinder werfen eine Decke über ein **Gitterbett**, das so zur Höhle wird, aber im Rollenspiel auch weiterhin als Bett benutzt werden kann.
- **Kartons** sind besonders beliebt bei Kindern, denn sie lassen sich vielfältig nutzen. Jüngere Kinder kriechen hinein und verstecken sich gerne.
- Ältere Kinder können schon mit Hilfe der Spielleitung ihr eigenes „Haus“ gestalten, indem sie Türen, Fenster, Briefschlitze etc. in die Kartons schneiden. Innen kann es mit Tapetenresten (auch alte Tapetenbücher) beklebt und mit Decken gemütlich ausgelegt werden.
- Von außen lässt dieses „Haus“ bemalen und kann durch weitere Kartons noch vergrößert werden.
- Ein ungenutzter **Hundekorb** gibt vor allem jüngeren Kindern einen geliebten Rückzugsort. Hier können sie sich nicht nur selbst einkuscheln, sondern auch die Stofftiere finden hier ein Zuhause – das regt zum einfachen Rollenspiel an.
- Als Ergänzung eignet sich auch gut eine **Hängematte**, die den Kindern ein großes Gefühl von Geborgenheit vermittelt. (siehe S. 116)

ab 2 Jahren

Rückzugsmöglichkeiten schaffen

MATERIAL

- Kartons
- Gitterbett
- unbenutzter Hundekorb
- evtl. Messer und Scheren
- Malfarben
- Decken

HINWEIS

Kinder spielen vorwiegend die Lebenswelt der Erwachsenen und ihre eigenen Erlebnisse nach, wie z. B. der Arztbesuch, das neue Wasserbett der Eltern, Tag der offenen Tür bei der Feuerwehr etc. Die ErzieherInnen sollen hier Raum und Zeit, ebenso Materialien, zur Verfügung stellen, damit die Kinder ihre eigenen Bedürfnisse ausleben können. Hier sollen sie den Kindern geeignete Rückzugsorte ermöglichen und dabei die kreativen Ideen der Kinder unterstützen.

ab 2 Jahren

Eine besondere Hängematte

DER IMPULS

Die Fachkraft bindet das Babytragetuch mit einem stabilen Doppelknoten so um die Tischplatte, dass der Knoten oben aufliegt. Der Stoff unter der Tischplatte bildet die „Hängematte". Die Kinder klettern in das Tuch und nutzen es als Versteck und Rückzugsmöglichkeit. Sie fühlen sich so geschützt und geborgen.

MATERIAL

- Tisch
- Babytragetuch

HINWEIS

Der Rückzugsbereich Hängematte wird von den Kindern gern als Spielimpuls im Rollenspielbereich angenommen.

ab 3 Jahren

Bausteinlabyrinth

DER IMPULS

Wie auf dem Foto zu sehen, wird aus den Steinen ein Labyrinth auf die Grundplatte gebaut. Durch Kippen der Grundplatte bewegt das Kind die Kugel durch das Labyrinth.

MATERIAL

- kleine Steck-Bausteine und passende Grundplatte
- Murmeln

VARIANTE

Zwei Kinder fassen die Platte an den gegenüberliegenden Seiten an. Durch Absprache untereinander müssen sie ihre Bewegungen aufeinander abstimmen, um die Kugel durch das Labyrinth zu bewegen.

HINWEIS

Hier sind Kommunikation, Konzentration und Geschicklichkeit gefragt. Nur gemeinsam schaffen es die Kinder, die Murmel durch das Labyrinth zu rollen.

ab 4 Jahren

„Büro" im Rollenspielbereich

DER IMPULS

Im Rollenspielbereich werden Themen aufgegriffen, die Kinder neugierig machen. Es wird für Kinder besonders spannend, wenn den Kindern auch frühere Gegenstände zur Verfügung gestellt werden, die sie aus ihrer „Erlebniswelt" nicht mehr kennen können. Hier bieten sich Tasten- oder Drehscheibentelefone, Schreibmaschinen oder alte Computer an. Die manuelle und auch mechanische Funktionsweise dieser technischen Geräte ist spannend, weckt die Entdeckerfreude in den Kindern und wirft gleichzeitig Fragen auf, wie z. B. die Technik früher funktioniert hat, im Vergleich zu heute.

Über dieses Untersuchen und Forschen hinaus regen diese Gegenstände natürlich auch zum Rollenspiel an, so kann z. B. alles für ein „richtiges" Büro genutzt werden.

Das erweitert auch besonders das Rollenspiel der älteren Kinder, die sich bewusst mit der „Bürokommunikation" spielerisch auseinandersetzen, z. B. das Schreiben mit der Schreibmaschine oder dem Computer, das Telefonieren mit dem Telefon und auch ggf. das eigene Verfassen von kleinen Texten mit Unterstützung der Fachkraft.

MATERIAL

▸ altes Tasten- oder Wählscheibentelefon ▸ Schreibmaschine ▸ Tastatur und Computer mit Maus und Bildschirm ▸ Schreibutensilien ▸ Locher ▸ Möglichkeiten zum Abheften

ab 3 Jahren

„Badezimmer" im Rollenspielbereich

DER IMPULS

Ein wichtiger Bereich, der Kinder beschäftigt, ist die Körperpflege. Durch das Händewaschen, das Zähneputzen, den Toilettengang, das Duschen etc. sind sie damit täglich konfrontiert, alles Themen, die im Rollenspiel verarbeitet werden.

Die Fachkraft knotet eine in Streifen geschnittene blaue Mülltüte an einen Kuchenrost und hängt ihn im Spielbereich der Kinder auf. So entsteht eine perfekte Dusche fürs Rollenspiel, ergänzt durch eine Wäschewanne als Badewannenersatz, mit Schwämmen und Handtüchern. Ein „Frisiertischchen" mit verschiedenen Utensilien wie Haargummis, Bürsten und Kämme runden das Thema „Badezimmer" im Rollenspielbereich ab.

MATERIAL

- Kuchenrost
- blaue Mülltüten und Schere (Dusche)
- evtl. Wäschewanne (Badewanne)
- Bürsten
- Haargummis
- Schwämme
- Handtuch
- Frisiertischchen mit Utensilien

ab 3 Jahren

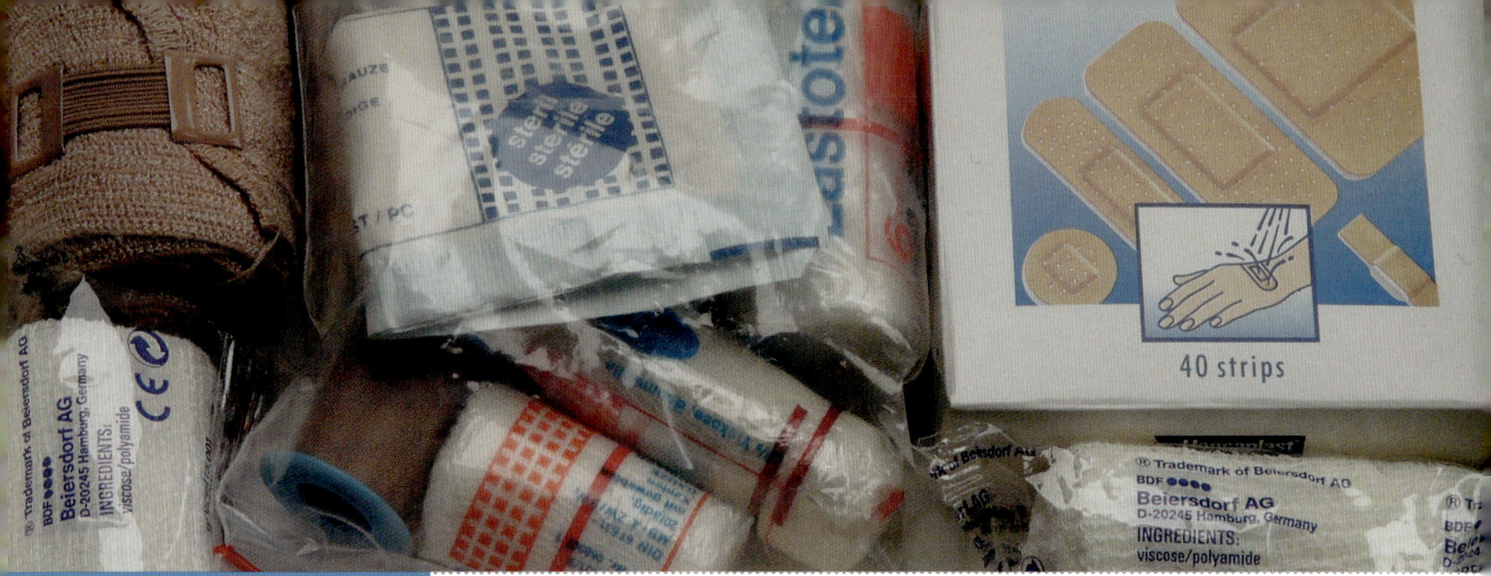

„Arztpraxis" im Rollenspielbereich

DER IMPULS

Der Besuch beim Arzt ist für jedes Kind unumgänglich. Positive wie negative Erlebnisse sind damit verknüpft. Der Arztkoffer – gefüllt mit Bandagen, Spritzen (natürlich ohne Kanüle), Stethoskop – bietet den Kindern Gelegenheit, ihre Erlebnisse im Rollenspiel nachzuspielen und so zu verarbeiten. Verkleidungsmaterialien unterstützen diese Rollenidentifikation, wie z. B. weiße Hemden als Kittel für Arzt bzw. Ärztin, für die Krankenschwester bzw. den Pfleger, auch eine Matratze für die PatientInnen als Untersuchungsliege gehört dazu.

MATERIAL

▸ ausgedienter Verbandskasten ▸ Spritzen (ohne Kanüle) ▸ Stethoskop ▸ Spatel ▸ Bandagen und Pflaster (siehe S. 124) ▸ Matratze als Untersuchungsliege ▸ weiße Oberhemden als Arztkittel, etc.

ab 3 Jahren

„Schulecke“ im Rollenspielbereich

DER IMPULS

Steht der Übergang vom Kindergarten in die Schule an, interessieren sich besonders die zukünftigen SchulanfängerInnen für dieses Thema. Um die Lernfreude der Kinder zu unterstützen, bietet sich die Einrichtung einer Schulecke im Rollenspielbereich an. Diese kann mit einer alten Schulbank, mit Stühlen und einer Tafel ausgestattet werden. Hier kann die Fachkraft ergänzend Plakate mit dem Alphabet und Zahlen aufhängen; Lineale, Zirkel, Geodreiecke und geometrische Formen komplettieren diesen Bereich.

Für die „SchülerInnen“ stehen Tornister, Schultüten, Etuis, Hefte und Butterbrotdosen für das Rollenspiel bereit. Aktivitäten in der „Pause“ auf dem „Schulhof“ (im Außenbereich oder einem geeigneten Raum) können ein Spaziergang mit Pausenbrot zum Erholen sein, ebenso laden Angebote wie Gummitwist, Seilspringen und Hüpfkästchenspiele zum Bewegen ein.

MATERIAL

▸ Tisch (evtl. alte Schulbank) ▸ Schulranzen ▸ Tafel ▸ Etui mit entsprechenden Utensilien (Lineal, Bleistift, Buntstifte etc.) ▸ Schreibhefte ▸ Zahlen und Buchstaben aus Holz, Kunststoff, Pappe oder auf einem Plakat

ab 5 Jahren

Verkleidungskiste

DER IMPULS

Kinder lieben es, in andere Rollen zu schlüpfen und sich dabei entsprechend zu verkleiden. Sie bevorzugen hierbei als Vorbilder ihre Helden aus Büchern und Filmen, aber auch die Rollen innerhalb der Familien (Vater, Mutter, Kind, Baby), Berufsbilder (z. B. Polizist, Feuerwehrmann, Briefträger etc.) sowie auch Tierrollen (Hunde, Katzen, Pferde, Löwen).

Die jederzeit zugänglichen Verkleidungsmaterialien motivieren die Kinder, sich die geeignete Kleidung gezielt für ihre Rolle auszusuchen. Die Präsentation kann unterschiedlich erfolgen:

- übersichtlich auf Kleiderbügeln oder an einem Wäscheständer aufgehängt,
- geordnet in Schränken, Schubladen, Regalen,
- aufbewahrt in Kisten.
- In einer „Frisierkommode“ (ggf. Tisch, Spiegel oder auch altes Möbelstück) ist Platz für Materialien zum Frisieren, Schminken und Verschönern.

MATERIAL

▸ passende Erwachsenenkleidung ▸ Karnevalskostüme ▸ Tanzsack oder Dehntuch ▸ Tücher und Schals ▸ Ketten ▸ Hüte ▸ Helme ▸ Krawatten ▸ Schuhe ▸ Gürtel ▸ Taschen und Beutel (Handtasche, Aktentasche) ▸ Modeschmuck ▸ Wäscheständer ▸ Wäscheklammern ▸ große Kleiderbügel ▸ Spiegel ▸ Frisierkommode etc.

TIPP

Ein etwas ungewöhnliches Verkleidungsstück ist der Tanzsack oder auch das Dehntuch, denn durch unterschiedliche Bewegungen lassen sich hier lustige Figuren und ungewöhnliche Formen mit dem ganzen Körper darstellen.

ab 3 Jahren

Bürsten und Pinsel

DER IMPULS

Bürsten und Pinsel gibt es in den unterschiedlichsten Formen und Größen und alle haben jeweils eine eigene, ihnen zugedachte Funktion, die aber für die Kinder nicht zwingend ist, da sie diese Bürsten gerne umfunktionieren. Hier bietet der Rollenspielbereich geeigneten Rahmen, um mit diesen verschiedenen Bürstenarten zu experimentieren und neue Funktionen zu entdecken.

Es ist spannend, was Kinder mit Zahnbürsten, Spülbürste, Staubwedel & Co. alles ausprobieren. Doch auch die eigentliche Funktion der Bürste lässt sich nutzen. Da muss z. B. die Puppe Anna noch ihre Zähne putzen und unter dem Bett hat sich wieder eine Menge Staub angesammelt! Kinder nehmen die Bürsten auch mit allen Sinnen wahr, so z. B. beim Massieren.

Wunderbar lassen sich aus den unterschiedlichen Bürstenarten kreative Handpuppen herstellen, denen die Kinder dann ein fantasievolles Eigenleben geben können.

MATERIAL

▸ Bürsten und Pinsel (Zahnbürsten ▸ Haarpinsel ▸ Haarbürste ▸ Massagebürste ▸ Backpinsel ▸ Borstenpinsel ▸ Spülbürsten ▸ Staubwedel etc.

ab 3 Jahren

Bunte Bandagen und Verbände

DER IMPULS

Die farbigen Bandagen sind selbstklebend, haften aber nicht an Haut oder Haaren. Deswegen lassen sie sich im Rollenspielbereich zu vielen verschiedenen Themen verwenden:

- schnell einen Verband anlegen,
- auf dem Teppich (Nadelfilz) eine Markierung aufbringen,
- ebenso Behälter und Dosen schnell farbig markieren.

MATERIAL

- farbige Pferdebandagen
- Haftbandage
- elastisches Fixierband

TIPP

Aus Stücken der Bandagen lassen sich Bilder gestalten. Ein nicht alltägliches Material, das die Kinder einlädt, es zu erproben.

ab 4 Jahren

Gefrorenes Betttuch (Winter)

DER IMPULS

Die Fachkraft tränkt das Betttuch mit Wasser und hängt es bei gefrierender Kälte nach draußen auf die Wäscheleine. Durch den Frost wird das Tuch so stabil, dass es aufgestellt werden kann.

MATERIAL

▸ Betttücher ▸ Wasser ▸ evtl. Wäscheleine
Wann: Minusgrade im Außenbereich

VARIANTEN

Ist eine bestimmte Form gewünscht, kann das Betttuch nass in diese Form gebracht werden (z. B. über eine Kiste legen). Nach dem Einfrieren hat das Tuch diese behalten und kann so z. B. als Bude oder Höhle im Außenbereich dienen.

Mehrere gefrorene Betttücher entlang einer gespannten Wäscheleine aufgehängt, ergeben ein Betttuchlabyrinth, das draußen zum Spielen und Verstecken einlädt.

ab 2 Jahren

Wackeltisch (Labilität - Stabilität)

DER IMPULS

Die Fachkraft stellt die Pappröhre als Tischbein senkrecht auf und legt die Sperrholzplatte vorsichtig darauf. Die Kinder können jetzt auf diesem „Tisch" verschiedene Gegenstände legen (siehe Material).

Sie müssen darauf achten, dass die Tischplatte immer im Gleichgewicht bleibt und nicht kippt, wenn sie abwechselnd mit Material belegt wird.

MATERIAL

▸ stabiles Papp- oder Abwasserrohr aus Kunststoff (Ø 8–10 cm, siehe Foto) oder ähnlicher Gegenstand fungiert als „Tischbein" ▸ runde, leichte Sperrholzplatte ▸ evtl. eine Tischdecke ▸ Kunststoffbecher oder anderes stabiles, stapelbares Material (Bausteine, Dosen etc.)

HINWEIS

Je größer der Durchmesser des Tischbeines ist und je kleiner der Durchmesser der Tischplatte ist, desto geringer ist die Kippneigung des Tisches. So kann die Stabilität des Tisches dem Alter und Entwicklungsstand der Kinder angepasst werden.

Bei diesem Spiel sind Kognition, Kommunikation, Konzentration und Geschicklichkeit gefragt. Kinder erleben hier mit Freude die Anspannung beim konzentrierten Bestücken und sie erleben die Entspannung (Freude), wenn das Gebilde umfällt.

VARIANTEN

Legt man eine Tischdecke über die Sperrholzplatte, ist das Belegen mit den Materialien leichter möglich, da der „Tisch“ durch das Tuch mehr Stabilität erhält.

Stellt die ErzieherIn unterschiedlich schwere Materialien zum „Stapeln“ bereit erhöht dieses die Herausforderung für die Kinder. Diese Spielanregung lässt sich auch verkleinern, sodass zum Beispiel nur eine Klopapierrolle und eine stabile Pappscheibe als „Wackeltisch“ verwendet werden können

Im Außenbereich lassen sich auch Kunststofftrinkbecher mit Wasser füllen und auf der Platte platzieren. Kippt der Tisch, ist das spritzende Wasser ein zusätzlicher Anreiz für die Kinder, es erneut zu probieren.

ab 5 Jahren

Buden bauen mit Knotenband & Co.

DER IMPULS

Kinder lieben es, Buden zu bauen. Schnell können Decken über Tische, Stühle, Kartons, Matratzen etc. gelegt werden und Kinder haben so schnell und sicher ihr Versteck gebaut.

Schade nur, wenn die Bude schnell einstürzt, weil die Decken nicht gut genug befestigt sind. Mit Wäscheklammern, Knotenband und Klettkabelbinder lässt sich hier schnell Abhilfe schaffen und die Decken können fest fixiert werden. Die Verschlüsse lassen sich leicht wieder lösen und die Kinder lernen „nebenbei" verschiedene Verschlussmöglichkeiten kennen. Für alle AnfängerInnen sind beim Bau die Wäscheklammern und Klettkabelbinder zu empfehlen. Feinmotorische Profis kommen schon gut mit dem Knotenband zurecht. Je nach Entwicklungsstand und Vorliebe können auch alle drei Verschlüsse kombiniert werden.

MATERIAL

▸ Decken ▸ Wäscheklammern ▸ Knotenband (eine Art wiederverschließbarer Kabelbinder) ▸ evtl. Klettkabelbinder (wiederverschließbar – gibt es mit und ohne Schnalle) ▸ Grundgerüst für die Decken (Tisch, Stühle, Karton, Matratzen, etc.)

HINWEIS

Im Internet bzw. Baumarkt lassen sich alle drei Verschlussarten erwerben.

- Klettkabelbinder gibt es mit und ohne Schnalle, auch verschiedene Farben sind erhältlich.
- Klettkabelbinder und Knotenbänder gibt es in verschiedenen Längen je nach Vorliebe und Einsatzort.
- Knotenbänder lassen sich auch in der Haushaltswarenabteilung erwerben. Sie werden dazu genutzt, um z. B. Rouladen zusammenzuhalten.

ab 3 Jahren

Fliegenklatsche

DER IMPULS

Die Fachkraft verteilt die Fotos der ganzen Früchte sichtbar auf dem Tisch. Die Fotos der halbierten Früchte kommen mit der Rückseite nach oben auf einen Stapel in die Mitte. Jedes Kind bekommt eine Fliegenklatsche. Reihum ziehen die Kinder ein Bild vom Stapel und legen es gut sichtbar auf den Tisch. Die Kinder suchen nun zu der halbierten Frucht die entsprechende ganze Frucht. Wer als erstes mit der Fliegenklatsche auf die richtige Frucht geschlagen hat, darf beide Karten behalten (die Karte der halbierten und die Karte der passenden ganzen Frucht).

MATERIAL

- 2 Fotos von jeder Frucht (1 x ganze und 1 x halbierte Frucht)
- Fliegenklatschen (neu und sauber)

HINWEIS

Anstatt Früchte können auch andere Motive gewählt werden, z. B. können auch Utensilien den passenden Räumen zugeordnet werden. (Der Schneebesen gehört in die Küche, die Zahnbürste ins Badezimmer, die Bettwäsche ins Schlafzimmer etc.).

VARIANTE

Die Kinder können die Karten nach Belieben sortieren, benennen und zuordnen, ohne die Fliegenklatschen zu nutzen. Hier entfällt der Wettspielcharakter.

ab 5 Jahren

Briefe - Werkstatt

DER IMPULS

Die Fachkraft bestückt den Schreibtisch mit den Schreibutensilien. An der Wand neben oder über dem Schreibtisch werden gut sichtbar die Plakate mit den Fotos und den Namen der Kinder sowie das Alphabet aufgehängt.

Die Kinder schreiben sich einfache Briefe. Die Namen der Adressaten lassen sich von den Plakaten abmalen bzw. ablesen. Eine Mischung aus ersten Buchstaben und Bildern bildet den Inhalt der Briefe. Hier lernen die Kinder eine Menge über das Verfassen und Versenden der Post.

Der erste Umgang mit Buchstaben, Schrift und Grußformeln wird erlernt. Jedes Kind hat vorher noch seinen eigenen Briefkasten gestaltet, in den die Briefe geworfen werden. Für die Kinder ist es sehr motivierend, einen Brief in ihrem eigenen Briefkasten zu finden, den Brief zu „lesen“ und gegebenenfalls eine Antwort zu verfassen.

Auch Briefe der ErzieherInnen und Eltern an die Kinder wirken motivierend, geben Sicherheit und schenken Wertschätzung. Die Kinder bekommen einen spielerischen Zugang zum Schrifterwerb und Literacy.

MATERIAL

▶ Schreibtisch ▶ Briefkasten für jedes Kind (Pappschachtel mit Schlitz) ▶ Briefpapier ▶ Briefumschläge ▶ Stifte (Schreibutensilien) ▶ Fotos mit den Namen aller Kinder auf einem Plakat ▶ alle Buchstaben des Alphabets auf einem Plakat ▶ Stempel etc.

HINWEIS

Auch einfache Gruß- und Verabschiedungsformeln können in Druckbuchstaben mit auf die Plakate gesetzt werden, z. B.:

Hallo liebe ... *Hallo lieber ...*
Herzliche Grüße, dein ... *Herzliche Grüße, deine ...*
Bis bald, dein ... *Bis bald, deine ... etc.*

ab 4 Jahren

Wunderdinge des Alltags

DER IMPULS

In einem Regal steht in jedem Fach ein besonderer Gegenstand. Die Kinder suchen sich hier ein „Wunderding des Alltags“ aus, einen Gegenstand, der sie am meisten fasziniert. In der Morgenrunde oder im Gesprächskreis wird dieser Gegenstand mit allen Kindern genauer betrachtet und untersucht. Viele Fragen werden laut:

- Wofür wird oder wurde das Ding verwendet?
- Wer nutzt(e) den Gegenstand?
- Aus welchem Material oder welchen Materialien besteht das Ding?
- Hat ein Kind so ein Ding schon einmal verwendet?

Durch das „Wunderding des Alltags“ entstehen Gesprächsanlässe, Fragen werden aufgeworfen, Antworten gesucht. Vielleicht der Anfang eines neuen Projektes, eines Ausflugs oder eines Experimentes. Eventuell wird eine der Fragen mit nach Hause genommen und dort weiter diskutiert. Vielleicht haben Eltern oder Großeltern ähnliche Gegenstände oder passende Fotos dazu. Gegebenenfalls stellen sich Eltern als ExpertInnen heraus, können ggf. einen Ausflug organisieren oder vor den Kindern einen „Vortrag“ über den Gegenstand halten oder sogar die Nutzung des Gegenstandes vorführen.

MATERIAL

- nicht (mehr) alltägliche Materialien, die Gesprächsanregungen bieten (z. B. Mörser mit Stößel, Schallplatten, Farbfilme für Fotoapparate, Drehscheibentelefon, Kaffeemühle etc.)

HINWEIS

Bemerkenswert, wie sich Kinder auf einen Gegenstand für die Gesprächsrunde einigen und somit Partizipation (Demokratie) leben. Beeindruckend wie viele „Wunderdinge des Alltags“ es gibt, deren genaue Betrachtung sich lohnt und es ist erstaunlich, wie sich Gesprächsrunden auf der Grundlage eines Gegenstandes entwickeln und wie viel Wissen hierüber weitergegeben bzw. begreifbar wird.

ab 4 Jahren

Ich bin etwas ganz Besonderes

DER IMPULS

Jedem Kind muss in jeder Einrichtung mit Wertschätzung begegnet werden, es muss Aufmerksamkeit, Beachtung und Respekt erfahren. Das kann z. B. wie folgt gehandhabt werden:

MATERIAL

▸ kleiner Tisch mit „goldener" Tischdecke und „goldenem" Geschirr ▸ in klein: Streichholzschachtel mit Spiegel ▸ in groß: 1 Kiste, die mit Spiegelfliesen völlig ausgekleidet ist ▸ kleine Glocke ▸ 1 Schälchen mit Seife

VARIANTEN

Die Fachkraft beschriftet eine Streichholzschachtel außen mit den Worten: „Ich bin etwas ganz Besonderes" und klebt einen kleinen Taschenspiegel hinein. Öffnet das Kind die Schachtel, sieht es etwas ganz Besonderes, sich selbst.

Das Ganze lässt sich auch größer realisieren, indem eine Kiste von innen mit Spiegeln ausgekleidet wird. In dieser Kiste befindet sich jetzt das Wichtigste, was die Einrichtung in diesem Moment zu bieten hat und das sieht man nur, wenn die Kinder die Kiste öffnen und hineinschauen.

Für außergewöhnliche Gelegenheiten, zum Beispiel an einem Geburtstag oder zu anderen besonderen Anlässen, lässt sich ein kleiner Tisch mit einer „goldenen" Tischdecke und „goldenem" Geschirr eindecken. Die Hände werden vor dem Essen mit einer duftenden Seife gewaschen. Die besondere Atmosphäre, die durch diese vorbereitete Umgebung entsteht, wirkt sich auf die Kinder aus. Sie genießen das Frühstück, halten sich an „Benimmregeln" und fühlen sich sehr wertgeschätzt.

ab 3 Jahren

Der „Besuch" zu Hause

DER IMPULS

Ein Kuscheltier, z. B. ein Bär, wird den Kindern in einem Gesprächskreis vorgestellt. Jedes Kind darf den Bären und das dazugehörige Buch eine Woche lang mit nach Hause nehmen. In diesem Buch kann gemalt, ein Foto eingeklebt oder zusammen mit den Eltern geschrieben werden, was der Bär in der Woche mit dem Kind gemeinsam erlebt hat. Zu Beginn der folgenden Woche kann das Kind erzählen oder die Erzieherin vorlesen, wie es dem Bären bei diesem Kind zu Hause ergangen ist. Danach nimmt das nächste Kind das Kuscheltier mit nach Hause. Es ist ein Ritual, bei dem viele Gesprächsanlässe entstehen, denn jedes Kind steht einmal mit seinen Erlebnissen im Mittelpunkt und alle hören ihm zu.

Das Kind erfährt Aufmerksamkeit und Wertschätzung, alle hören ihm zu. Die Anwesenheit der pädagogischen Fachkraft macht Mut und gibt dem Kind Sicherheit. Solch eine Situation stärkt das Selbstbewusstsein und die Fähigkeit, Erlebtes im Kontext sprachlich wiederzugeben. Die Gruppe muss zuhören, soll sich aber nach Möglichkeit auch aktiv mit einbringen und muss sich gegenseitig ausreden lassen – ein hoher Anspruch an soziale Kompetenz!

MATERIAL

- 1 Kuscheltier
- 1 leeres Notizbuch (DIN A5)

ab 3 Jahren

Materialien Impulse

Es gibt eine Vielzahl von Materialien, die Kindern Ideen und Anregungen bieten. Das sind zum einen Materialien, die in der Natur vorkommen und nur gesammelt werden müssen. Zum anderen umfassen sie Bau- und Verpackungsmaterialien oder sehr preiswerte Haushalts- und Einwegprodukte. Bei vielen Dingen muss man gut improvisieren können, da macht es der kreative Blick, Dinge fantasievoll zweckzuentfremden und auf ganz andere Art und Weise neu zu nutzen. Dazu ein paar Materialanregungen, die Sie und die Kinder ganz sicher inspirieren werden.

Denn Spiel ist die Bildungszeit des Kindes!

- Tücher, Kissen und Decken
- Rettungsfolie, Packpapier
- Seile in verschiedenen Längen und Dicken
- Matratzen
- Bälle aller Art (Flummi, Igelbälle, Wasserbälle etc.)
- Schaumstoffelemente
- Kriechtunnel
- Röhren und Rollen (Toilettenpapierrollen, Küchenpapierrollen, Klebebandrollen, Schläuche etc.)
- verschiedene Stoffe (Chiffon, Laken, Gardinenstoff, Baumwolle etc.)
- Hocker, Kisten, Kartons, Schachteln, Dosen, Eierkartons, Eierpaletten
- Setzkästen, Sortierkästen
- Zangen (Kuchenzange, Zuckerzange, Grillzange etc.)
- alte Kataloge, Zeitschriften, Zeitungen
- Baumscheiben
- verschiedene Erden (Ton, Lehm etc.)
- Stroh, Heu, getrocknete Blätter und Blüten
- Naturmaterialien wie Kork, Korken, Kastanien, Astscheiben, Nussschalen, Sand, Zweige, Baumrinde, Bretter
- Klebeband, Stoffreste, Locher
- Wolle, Schnüre, Kordeln, Bänder, Watte, Filz, Moosgummi
- unterschiedliche Malblätter in verschiedenen Größen, Strukturen und Dicken (Seidenpapier, Transparentpapier, Tapete, Architektenpapier, Butterbrotpapier, Kopierpapier, Toilettenpapier etc.)
- verschiedene Kleber (Kleister, Bastelkleber, Leim)
- verschiedene Farben (Wasserfarbe, Fingerfarbe, Buntstifte, Wachsmalstifte etc.)
- „Matsche", Knete, Schleim, Salzteig, Schlamm etc.
- Sanduhren, Schüttelflaschen
- Kleinmaterialien wie Muscheln, Gardinenringe, Schlüsselringe, Fingerhüte, Knöpfe, Murmeln, Wäscheklammern, Holzdübel
- verschiedene Steine, Halbedelsteine, Muggelsteine
- Büroklammern, Schrauben, Unterlegscheiben, Muttern, Kronkorken, Filmdöschen, Holzspatel, Eisstiele
- verschiedene Pinsel und Bürsten, Schwämme, Pappbecher
- Spiegel, Spiegelfolie, Fotos
- Bilderbücher, Seifenblasen, Tastsäckchen
- alle Arten von Verschlüssen (Klettband, Schnürsenkel, Schraubverschlüsse etc.)
- Massageroller, Klangschalen, Lockenwickler, Schmirgelpapier
- geometrische Formen aus verschiedenen Materialien (Holz, Kunststoff, Filz etc.) wie Stäbchen, Dreiecke, Rauten, Quadrate etc.
- Maßbänder, Lineale, Geodreiecke, Wasserwaagen, Messschieber, Balkenwaage, digitale Waage, mechanische Waage, Zirkel etc.
- Kreisel aller Art
- Würfel in allen Größen, Formen und Farben

AUSBLICK

Wir möchten das freie, selbstbestimmte Spiel der Kinder in seiner Wichtigkeit verdeutlichen.

Wir wollen, dass das Buch dazu beiträgt, Motivation und Begeisterung für das Thema zu wecken.

Wir wünschen uns, dass jedes Kind die Möglichkeit erhält, sich in seinem freien Spiel zu verwirklichen, neugierig und aktiv zu sein, um so mit Freude und Spaß zu lernen und die Welt für sich zu erforschen.

WENN EIN KIND ...

Wenn ein Kind kritisiert wird,
lernt es zu verurteilen.
Wenn ein Kind angefeindet wird,
lernt es zu kämpfen.
Wenn ein Kind verspottet wird,
lernt es, schüchtern zu sein.
Wenn ein Kind beschämt wird,
lernt es, sich schuldig zu fühlen.

Wenn ein Kind verstanden und toleriert wird,
lernt es, geduldig zu sein.
Wenn ein Kind ermutigt wird,
lernt es, sich selbst zu vertrauen.
Wenn ein Kind gelobt wird,
lernt es, sich selbst zu schätzen.
Wenn ein Kind gerecht behandelt wird,
lernt es, gerecht zu sein.
Wenn ein Kind geborgen lebt,
lernt es zu vertrauen.
Wenn ein Kind anerkannt wird,
lernt es, sich selbst zu mögen.
Wenn ein Kind in Freundschaft angenommen wird,
lernt es, in der Welt Liebe zu finden.

Text über dem Eingang einer tibetischen Schule

Literaturverzeichnis

Bücher

Fthenakis, Wassilios E., Textor Martin R.,(Hg.),Pädagogische Ansätze im Kindergarten. Weinheim, Basel: Beltz 2000

Jaszus, Rainer, Büchin-Wilhelm, Irmgard, Mäder-Berg, Martine, Gutmann, Wolgang; Sozialpädagogische Lernfelder für Erzieherinnen und Erzieher, Stuttgart, Holland + Josenhans, 2014

Pausewang, Freya, Dem Spiel Raum geben, Cornelsen-Verlag, Berlin, 2000

Ministerium für Schule, Jugend und Kinder des Landes Nordrhein-Westfalen, Bildungsvereinbarung 2003

Regel, G., Wieland, A., Offener Kindergarten konkret: Veränderte Pädagogik in Kindergarten und Hort, Verlag Hamburg, 1993

Schäfer, Gerd (Hrsg.), Bildung beginnt mit der Geburt, Beltz Verlag, 2005

Fachzeitschriften

kindergarten heute spot, So geht's mit Krippenkindern, 2004

Internetquellen

http://www.handbuch-kindheit.uni-bremen.de/teil2_1.html

http://martemeoinstitut.de/

http://www.competences.info/doc/2005_05_11_de_HeurekaNet_Kompetenz_Definition.Pdf

Autorinnen

Nina Held

Jg. 79, ist Erzieherin und Mutter von drei Kindern. Zusammen mit ihrem Mann hat sie die Bildungsdokumentationssoftware GaBiP entwickelt. Sie ist Autorin verschiedener pädagogischer Fachbücher zum Thema Bildungsdokumentation und anderer relevanter Themen im Vor- und Grundschulbereich. In diesen Bereichen gibt sie Fortbildungen und hält Vorträge.

Gaby Fischer-Düvel

geboren 1952, hat selbst als Erzieherin gearbeitet, Sozialpädagogik studiert und war über vier Jahrzehnte als Lehrerin an einer Fachschule in der Erzieherausbildung tätig. Während dieser Zeit hat sie die unterschiedlichen gesellschaftlichen Entwicklungen und pädagogischen Strömungen in diesem Berufsfeld miterlebt.

Als Mutter von drei Kindern war der Blick vom Kind aus für sie immer der zentrale Punkt in ihrer Lehrtätigkeit.

DANKSAGUNG

Nina Held:

Danke an Erik, Till, Justus, Felix, Lea, Luisa, Louis und Maya, die mir beim Ausprobieren und Herstellen der Impulse für dieses Buch geholfen haben. Es freut mich, dass ihr genauso viel Spaß daran hattet wie ich. Danke, dass ich euch dabei fotografieren durfte.

Ein Danke geht auch an meine Mitautorin Gaby. Die vielen tollen Gespräche und Diskussionen waren sehr bereichernd für mich. Es hat viel Spaß gemacht mit dir zusammenzuarbeiten.

Gaby Fischer-Düvel:

Ich sage **DANKE** – und weiß gar nicht, wo ich beginnen soll.

Ein großes Dankeschön gebührt meiner Mitautorin, Nina Held, ohne die ich gar nicht auf die Idee gekommen wäre, dieses Buch mit zu verfassen.

Es hat mir sehr viel Freude gemacht, gemeinsam pädagogische Themen zu diskutieren und dabei eine große Übereinstimmung in unserer pädagogischen Haltung Kindern gegenüber festzustellen. Diese Fachgespräche waren immer eine große Bereicherung; wir waren ein gutes Team!

Bedanken möchte ich mich auch bei meinen Studierenden des August-Vetter-Berufskollegs für die Offenheit und die Neugierde um das Wissen der kindlichen Entwicklung. So konnten viele Ideen, Impulse und Projekte in den jeweiligen Praktika entstehen, um sich darin zu üben, immer das Kind in den Fokus ihres Handelns zu stellen.

Das alles konnte nicht ohne die Unterstützung der einzelnen Praxisstätten, vor allem nicht ohne das Engagement der einzelnen PraxisanleiterInnen, geschehen. Hier war es immer der kollegiale Austausch, den ich als so bereichernd empfunden habe. Hier fand immer die bewusste Verknüpfung von Theorie und Praxis statt.

Hervorheben möchte ich u.a. auch die Tageseinrichtung der Caritas am Bönninghausenweg in Bocholt und die KiTa St. Marien in Rhede, wo ich einige Fotos für dieses Buchprojekt aufnehmen durfte.

Mein ganz besonderer Dank geht auch an die Einrichtung St. Georg in Heiden. Hier habe ich in Frau Others in all den Jahren meiner Tätigkeit immer eine kompetente Gesprächspartnerin gehabt, die unsere Buchrealisierung aktiv und mit Freude unterstützt hat.

Ich danke auch meinem Mann als Unterstützer und Korrekturleser sowie meinen Kindern, die meine Arbeit an diesem Buch mitgetragen haben.

Allen nochmals ein ganz liebes **DANKESCHÖN!**

Antje Hemming

STERNSTUNDEN DURCH DIE JAHRESZEITEN

Mit allen Sinnen bewegen und lernen in Krippe, Kita und Grundschule

ISBN 978-3-86702-383-2

Abwechslungsreiche Aktionen im Bewegungsraum ohne große Vorbereitungszeit: Der attraktive Praxisordner mit farbigen Fotos bietet 24 vielfältige Konzepte für den Bewegungsraum – je sechs fantasievolle Stundenbilder für Frühling, Sommer, Herbst und Winter. Hier erleben Kinder Bewegung als Naturerfahrung im Einklang mit den Jahreszeiten. Ergänzt werden die Angebote durch viele Spiele, Lieder und Bastelvorschläge. Die 64 praktischen Parcours- und Lernkarten im Anhang beinhalten weitere Informationen.